明室
Lucida

照 亮 阅 读 的 人

〔日〕汤浅政明 著

焦阳 译

汤浅政明的
灵感迸发的
每一天
创作之路

北京联合出版公司

序

大家好。

我是汤浅政明。

感谢大家把这本《灵感迸发的每一天：汤浅政明的创作之路》捧在手中。

这本书以在 PIA 杂志电子版《创作者人生》专栏上刊载的长采访《从挑战中学会的事情》为底本，增补结集而成。

这篇长采访原本只有三万五千字，我补写了不少内容，回过神来，居然已经超过了五万字。负责采访和撰稿的渡边麻纪女士开玩笑说："汤浅先生，已经可以出一本书啦。"这居然成真了。

我原本没有打算写这么多，但是交稿之前还有不少时间，我恰好有空，责编县先生和渡边女士也说"可以多补充一些内容哦"，而且，我鲜少有机会总结从进入动画行业到制作最新作品《犬王》的经历。这个想说，那个也想讲。哎呀，也提一下那个吧……对了！此时，我进入想要记录下全部记忆的模式，想写的越来越多。虽然我感觉自己没有补充多少，但是字数好像到了极限。

就像制作动画时，本打算画三万五千格，结果画了五万格；或是原计划做三十五分钟的影片，却做出了五十分钟的内容。这可不得了。

给县先生和渡边女士添麻烦了，真不好意思。不过，如此这般成了一本书，也是值得高兴的事情。

《灵感迸发的每一天：汤浅政明的创作之路》就这样诞生了。标题源自我的性格，"如果自己的内心有了新发现，便想开开心心地将它融入作品"[*]。

---

[*] 原书书名是"汤浅政明的尤里卡日常"，尤里卡源自古希腊语，意指"新发现"。——如无特殊说明，本书注释均为译者注

从我成为动画师到完成最新作品《犬王》，确实每天都有新发现，但是在所有融入了新发现的作品中，《犬王》也是一道分水岭般的存在。在 PIA 连载采访时，《犬王》还没有完成，大家没法看到，而现在可以看过电影之后再读采访，对此我也增添了一些内容，不过没想到光是这些内容就已经超过了一万字⋯⋯

除了对采访内容的补充，伴随着谈论的作品，我还设置了"我的心头好"栏目。此外，希望大家在阅读文字的同时也能享受动画，所以我画了翻页漫画，还加上了二维码，扫描便可观看短动画。
希望大家阅读愉快。
共事的各位，多谢多谢。

话说，渡边女士是熟知好莱坞的电影记者，现在恰巧是奥斯卡颁奖季，她说："汤浅先生，《犬王》明年可能会得奥斯卡奖哦，至少也会有个提名！"

奥斯卡奖是我梦寐以求的奖项,在此写下:"首先,请让我提名吧!"(笑)渡边女士的玩笑让这本书成真,希望这个玩笑也能成真呀。

汤浅政明

2022 年 4 月

我的心头好『喜欢的动画师』 064

《四叠半神话大系》也让我切身体会到，将原作改编成动画时重要的事情 066

我的心头好『想改编成动画的小说』 080

我的心头好『想做成动画的运动项目』 094

说不定已经存在另一部《乒乓 THE ANIMATION》 082

有了《四叠半神话大系》，才有《春宵苦短，少女前进吧！》 096

我的心头好「"走路"戏给我留下深刻印象的作品」 108

我的心头好『想尝试重制的电影』 158

将制作者的『心潮澎湃』传达给观众《别对映像研出手！》 161

我的心头好『理想中的制片人』 174

让我有成就感的《猫汤》和一些短篇动画 177

我的心头好『喜欢的短篇小说』 192

既是全新挑战，也是集大成的最新作品《犬王》 195

我的心头好『喜欢的歌舞片』 224

从动画师起步，成为我莫大财富的《蜡笔小新》 009

我的心头好「布莱恩·德·帕尔玛的电影」 020

《THE 八犬传～新章～》让我学到的事情 023

我的心头好「喜欢的时代剧」 034

从动画师到导演，《心理游戏》中的收获与课题 037

我的心头好「喜欢的剧场版动画」 050

第一部电视动画《兽爪》和科幻作品《海马》。与原班人马合作，感受到团队的成长 052

有意面向儿童的《宣告黎明的露之歌》和音乐的重要性 110

我的心头好「帮助我推进工作的音乐」 120

首部Netflix作品《恶魔人：哭泣之子》遇到的挑战 122

我的心头好「非常喜欢的漫画家」 132

想做成纯粹的爱情故事《若能与你共乘海浪之上》 134

我的心头好「喜欢的爱情故事」 144

再次改编多次被影视化的作品……《日本沉没2020》中想表现的内容 146

用手机等扫描各页的二维码即可观看短动画。因为是与"TV Bros. WEB"合作的项目，所以会跳转到其网站的页面。动画可能会在未提前说明的情况下删除，请知晓。

如果二维码无法扫描，请打开以下链接：

#1	https://tvbros.jp/uncategorized/2022/04/27/37741/
#2	https://tvbros.jp/uncategorized/2022/04/27/39069/
#3	https://tvbros.jp/uncategorized/2022/04/27/39074/
#4	https://tvbros.jp/uncategorized/2022/04/27/39078/
#5	https://tvbros.jp/uncategorized/2022/04/27/39083/
#6	https://tvbros.jp/uncategorized/2022/04/27/39086/
#7	https://tvbros.jp/uncategorized/2022/04/27/39089/
#8	https://tvbros.jp/uncategorized/2022/04/27/39092/
#9	https://tvbros.jp/uncategorized/2022/04/27/39095/
#10	https://tvbros.jp/uncategorized/2022/04/27/39099/
#11	https://tvbros.jp/uncategorized/2022/04/27/39102/
#12	https://tvbros.jp/uncategorized/2022/04/27/39105/
#13	https://tvbros.jp/uncategorized/2022/04/27/39108/
#14	https://tvbros.jp/uncategorized/2022/04/27/39111/

打开以下链接可以观看 #1 至 #14 的动画合集：

https://tvbros.jp/uncategorized/2022/05/02/39701/

※ 二维码由株式会社 DENSO WAVE 制作。

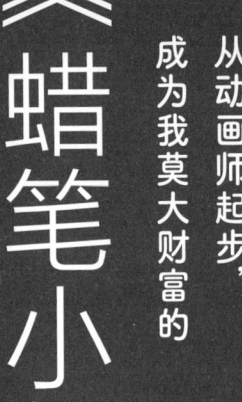

从动画师起步，成为我莫大财富的《蜡笔小新》

《蜡笔小新》
以臼井仪人的漫画为原作制作的电视动画（1992—）及剧场版动画（1993—）。汤浅负责了电视动画系列的作画导演、分镜等工作；在剧场版《蜡笔小新》系列中，汤浅负责设定、原画、角色设计、分镜等重要内容。

——汤浅政明先生现在作为导演活跃于业界，但职业生涯是始于动画师吧。

汤浅： 我起初对动画演出或动画导演完全没有兴趣。我只想为动画作画，考虑将来把动画师作为职业。有这样的想法是在中学的时候。从记事起我就很喜欢动画，一直在看，但是没有关注过动画是如何被制作出来的。那时，我也没有分清动画和漫画。

可是，到了初中一年级，剧场版《宇宙战舰大和号》（1977）上映，引发动画热潮。后来，宫崎骏导演的《鲁邦三世：卡里奥斯特罗城》（1979）和出崎统导演的剧场版《网球娇娃》（1979），还有林太郎导演的《银河铁道999》（1979）上映，我才知道有动画师这个职业。各种动画杂志接连创刊，我记得那时，对待作为创作者的动画师就像对待明星一样。

——但是，您没有去上专门的动画学校吧？

汤浅：大学时我主攻美术，直到去亚细亚堂*当动画师，才正式接触动画。当然，从学生时代开始扎实学习动画的人肯定画得更好。他们能画出可以成为动画的画。而我呢，画在纸上的画看上去不差，上色、动起来之后却变得不忍直视。无论怎么努力，我都画不出自己心目中的画。

画了几年原画，实在是太痛苦了，我甚至考虑辞去动画师这份工作。其实，我真的辞职过。但就在那时，本乡满先生找到了我。

宛如天职，制作《蜡笔小新》的经历

——本乡先生在亚细亚堂担任了《超能大耳鼠》（1989—1991）和《蜡笔小新》（1992—）的导

---

* 日本动画制作公司，由芝山努、小林治和山田道代于 1978 年创立，制作了《蜡笔小新》《哆啦 A 梦》《面包超人》《樱桃小丸子》等经典动画。

演吧。

汤浅：是的。他邀请我参与制作《蜡笔小新》的电视动画系列，我心想"那就还是再试试吧"，重新开始画起了动画。意外的是，他让我按照自己的风格发挥，工作渐渐变得越来越有趣。其实我也参与了本乡导演的《21世纪小福星：去宇宙吧！赤脚公主》（1992）的制作。

大概是在制作《蜡笔小新》的第一部剧场版《蜡笔小新：动感超人大战泳装魔王》（1993）的时候吧，剧情高潮部分的一个场景定下来之后，本乡先生会来询问我的意见。比如他会问"这个感觉如何？"，我会坦诚回答"没有意思"，他便问我"那应该怎么办？"，我试着表达了自己的想法，然后本乡先生将它们整理成分镜。在画那个场景的原画时，我感觉非常快乐。虽然作画这个动作与以往并无不同，但是整个画面按照我的想法动了起来，真是爽快，观众看得也很愉快。我实在是兴奋到了极点，感觉脑子里都快喷出愉快的汁液了（笑）。

这种兴奋、快乐和愉悦，与其说是我成为动画师以后第一次体验，不如说是我长大后的头一回。

——也就是说，您小时候也经常画画？

汤浅：是的。上幼儿园的时候，我会把前一晚在电视上看到的动画画面画下来，看大家因为我的画开心，我真是高兴得不得了。再次体验到这种快感，真的是幼儿园之后第一次。

在那之前，我做动画师时也经常受到夸奖，但是我本人并不真心认可自己的工作结果。这对我来说是个大问题。可是，由我绘制分镜的《蜡笔小新》被夸奖了，我很高兴。虽然不久前还在想"辞职吧"，但是那时候我已经开始觉得："这就是我的天职啊！"（笑）

——这想法简直是一百八十度大转变呢（笑）。

汤浅：是啊（笑）。自那以后，我特别想画分镜，想画得不得了。但是说实话，我一开始不知道分镜这么重要，只觉得"欸，原来有分镜这个东西啊"（笑）。

——话说，汤浅先生，或许您是在制作现场一边发现、体验，一边学习的那种人吗？

汤浅：应该是吧。

以前，我曾画过参赛的漫画。我开始画漫画才意识到漫画需要故事。在那之前，我从未意识到有"故事"（笑）。也许正是这样，小时候看的动画和特摄的剧情，我一个都不记得。

我心想，这就没法画漫画了，便有意识地读书、看电影。可是比起剧情，我的注意力总是会被画面和影像展开的乐趣所吸引。

比如我知道"大反转"的乐趣来自故事，但我没有注意到整个故事。我是在喜欢上画分镜之后，才第一次注意到故事的重要性。

让我意识到运镜的德·帕尔玛的作品

——话说，您看的是什么电影？

汤浅： 起初，我经常看恐怖电影。在电视上看了《威拉德》（1971）、《鼠王》（1972），后来去电影院看了《夜深血红》（1975），同时上映的还有《愤怒》（1978）。

——尽是恐怖电影（笑），而且《愤怒》的导演是以影像为重的德·帕尔玛啊！

汤浅： 自从遇到德·帕尔玛，我开始在看电影时注意摄像机另一侧的人（导演）。而且，那时运镜是第一位的，所以在我绘制《蜡笔小新》的分镜时，看了许多运镜方式独具一格的电影，因此也成了德·帕尔玛（笑）。

我觉得剪辑和运镜就像写文章。镜头是语言，将它们组合起来就是文章。虽然我没有与人分享、讨论过，但是在《压力对战》（*Pre-batt!!*）这档电视综艺节目里，俳句老师讲解的内容，完全就是分镜嘛。当然，俳句没有画面，但是老师说俳句也必须像"影像"一样浮现出画面，也就是将语言有效地排列，必须让观众更加感动。这就是运镜吧。

即便是描绘同一个场景，也会因剪辑或顺序导致叙事完全不同。

而且在节目中，老师从给出的题目所对应的俳句中省略缺乏画面感的词，或是将其替换为更有表现力的词，又或是添加一些词。这样一来，那首俳句就会鲜明地变成令人感动的"影像"了。我心想，真是不得了！

也许有这方面的影响吧，我那时看电影，比起整个故事，更为这类内容而感动。

通过做设定学到
"看各种事物，去了解、去想象"

——您在制作《蜡笔小新》的时候也做过设定的工作吧？

汤浅：这也是一大转机啊。本乡先生说"动画师画的设定有动态，应该会有趣吧"，于是把宇宙飞船的设定之类的工作交给了我，这也成了十分有趣的工作。因为是《蜡笔小新》，所以会有奇怪的外星人登场，不需要拘泥于以往的宇宙飞船的设计。比起科学的背景设定，更应该考虑有趣的形态和动态。这份经历后来让我意识到调查的有趣和重要性。

其实在那之前，我只看动画和电影，几乎不关注现实和社会。它们太复杂了，我从未在现实世界中感受到乐趣。可是，因为接到了设定的工作，我将目光投向现实，发现它有趣得令我震惊。比如在做有关电车的设定时，要先收集电车相关的各种信息。在这个过程中深挖电车形态设计的结构，真的有不少令我惊讶的新发现。与此同时，我也发现了即使是复杂的事物，只要弄懂原理便能轻松理解，这感觉很有趣。这些，我也想转化成画面。

——话说，汤浅先生，您在那之前完全不关注现实世界吗？

汤浅： 算是吧（笑）。因为我上学的时候算是精神至上主义者，认为"越能集中精神的人越能成

为优秀的艺术家",还有"什么都不思考,只要一直画下去就能画出好画"(笑)。其实想要画得好,也是可以套公式的,按照公式来就能画得八九不离十。我知道之后心想"真没劲"。

我刚开始做动画的时候也是这样,以为自己"没有想表现的东西",其实只是因为我什么都没有关注。当我将目光投向现实世界,想表现各种事物的欲望便涌上心头。好想告诉小时候的我啊(笑)。

——也就是说,您是在遇到《蜡笔小新》和本乡先生之后才认识到做动画的乐趣所在?

汤浅: 是啊。制作《蜡笔小新》实在是太有趣了,可以加入现实的元素,也可以做成搞笑内容。真是块再好不过的画布。

本乡先生采纳我的点子,尊重我的个性,我才能轻松自在且开心地做这份工作。现在我也成了导演,一直记在心头的是,如何让制作团队变得有趣,如何让大家的个性与灵感在工作中得到充分发挥。

——从《蜡笔小新》中,您学到了什么?

汤浅： 看各种事物，去了解、去想象吧。本乡先生曾对我说："出点子吧。但是，一个一个提出来让我去看、去判断也够呛，不如一股脑儿丢给我吧，我会自己看的。"所以我真的画了很多。把自己调查的东西尽情地画出来，大概持续了一两个月。这真的太有趣了（笑）。

后来这个做法不仅成了我的习惯，也成了我莫大的财富。我渐渐感到，任何觉得有趣的事物，也许都可以用动画表现出来。

> 我的
> 心头好

布莱恩·德·帕尔玛的电影

《魔女嘉莉》
原片名：*Carrie* ／ 1976 年制作／美国
原作：史蒂芬·金
演员：茜茜·斯派塞克、派珀·劳瑞、艾米·欧文 等

《凶线》
原片名：*Blow Out* ／ 1981 年制作／美国
演员：约翰·特拉沃尔塔、南茜·艾伦、约翰·利思戈 等

《剃刀边缘》
原片名：*Dressed to Kill* ／
1980 年制作／美国
演员：迈克尔·凯恩、安吉·迪金森、
南茜·艾伦 等

　　起初，我确实喜欢画面极具吸引力的导演。我开始对"电影"感兴趣时遇到的导演就是布莱恩·德·帕尔玛。应该是他的《魔女嘉莉》让我开始意识到"运镜"。在要将装满猪血的桶倒扣在嘉莉头上的场景里，有个女孩手握绳子，镜头沿着绳子拍摄到悬在头顶的桶，俯视视角看到桶里是血，而嘉莉在下方。然后，像是白色缎带的布缓缓飘到她的头上……也就是说，他通过影像忠实地说明或者说是表现了我写下的这段文字，这令我十分惊讶。而且

020

镜头的视线来自意识到邪恶计划的女高中生,她想要阻止这一切。这镜头与老师将不该来这里的她赶出去的场景混剪在一起,使期待又不安的情绪达到极点!太厉害了。

《凶线》的主角是一名电影录音师。这也不愧是德·帕尔玛的运镜,以三百六十度转圈的镜头拍摄烟花在主角背后炸开的画面。影片最后也活用了录音师这一职业。我第一次看的时候惊讶地想,这是怎么拍出来的?不过,镜头转了一圈之后我恍然感叹,啊,这很好啊(笑)。他将刊登在杂志上的连拍照片重新拍摄、做成影片,然后加上配音的那场戏,我也非常喜欢。

还有一部是《剃刀边缘》,这部电影是德·帕尔玛在致敬他喜爱的希区柯克,运镜也是一如既往。看着一个个镜头,我心想"就是这样!",十分兴奋。致敬的部分我很喜欢,产生共鸣的地方也很多。《别对映像研出手!》的某些地方,我模仿了《阿基拉》。我怀着明知故犯的心情,心想既然模仿就要模仿得像一点。在《映像研》第八话中,有一个情节是大家都穿上用纸板箱做的机器人套装,分不清谁是谁。这也是模仿《鲁邦三世》第一季中许多假鲁邦出场的情节(第十九话《哪边的第三代会获胜呢!》)。也许,我正是从德·帕尔玛的电影中学到了戏仿的乐趣。

#1

一边试错一边挑战，

《THE 八犬传
～新章～》

让我学到的事情

《THE 八犬传～新章～》
以曲亭马琴（泷泽马琴）的《南总里见八犬传》为原作制作的《THE 八犬传》的续集。为了从妖女玉梓的怨灵手中救出里见一族，伏姬用自己的性命交换得来八犬士。为了寻找散落在各地的八犬士，犬冢信乃继续踏上旅程……
在这部 OVA* 中，汤浅是第四话《滨路再临》的作画导演。

制作年份：1993—1995　原作：曲亭马琴　导演：冈本有树郎　脚本：镰田秀美、会川升　原创角色设计：山形厚史　动画制作：AIC　配音：山寺宏一、关俊彦、山口胜平、西村智博、日高范子、大冢明夫、高山南 等

* Original Video Animation 的简称，指以录像带、光盘等形式发行的动画，剧情多为原创。

——与《蜡笔小新》完全相反的 OVA《THE 八犬传~新章~》(1993—1995)，大平晋也先生在第四话《滨路再临》中担任动画演出，汤浅先生则是作画导演，这也引起了动画爱好者的关注。您是如何参与到这部作品的制作中的呢？

汤浅：那时，我主要在做《蜡笔小新》相关的工作，也开始有人邀请我参与其他作品的制作，在没有做电影的空档期，我就会答应下来。那时，动画师大平先生邀请我参与制作《新八犬传》的第四话。大平先生是《阿基拉》(1988)的动画师，也参与过《红猪》(1992)等吉卜力作品，非常有名，作为导演也十分活跃。

与大平先生一起工作简直像是受到文化冲击，我没想到他如此细致入微，想问题比我要超前许多，太令人惊讶了。

——他的演出十分有电影感呢。

汤浅：是的。比如做日落时的影像，他会思考天空如何变化。那时做动画，说到日落便是把整片天空涂成橙色。他不一样,他会思考太阳落下的方向与另一侧有何不同,天空会随时间如何变化。我心想"是啊,原来不一样啊"(笑)。特别是自然现象,在那之前我没有考虑那么多。

哪怕是画一条山路,他也会思考:"这样的山路,草应该是这种感觉,应该会长这样的花吧。"他也参与过高畑勋先生的《岁月的童话》(1991)的制作,可能有这方面的影响,他的执着真不一般。他笔下的画既精细、充满现实感,又有动画式的天马行空。我做过各种尝试,用大尺寸的纸或是用浓黑的铅笔,想要模仿还原他的画,但发现太难了,不是轻易能够做到的。

——《滨路再临》与其他几话完全不一样呢,在当时也引发了热议。

汤浅: 我本来是想尽量向其他几话的画风靠拢的,这也是我身为作画导演的责任。可是,这样我就没法按照需求画出东西,表现不出或生动或黏稠的画面感。所以,最终的解决方案是,先回到能显

出表现力的画风，同时心里想着其他几话的风格，最低限度地做出调整，让画风能相近一些。但也因此变得有些不伦不类，感觉都有点恶心了（笑）。后来我想，当时要是能够不做这些无用功，彻底按照自己的想法放手去做就好了。

也说不上是对这次制作的复仇吧，后来制作《宣告黎明的露之歌》时我邀请了大平先生。我自己动手修改了他的原画，在保留韵味的同时使其更接近统一的画风。如果直接把原画交给作画导演，为了统一画风，大平先生的韵味就会消失不见，如果不做修改，画风的差距又会太过突兀。为了让作画导演容易修改，在交付前我把所有的画都修改了一遍。一边保留原画的意图一边修改实在太难，非常耗时间，直接重画都还快一些。

我没能完美完成《八犬传》，边画边学，耗费了不少时间。按照我当时的速度，花了两倍以上的时间吧。每天只睡一个小时，连上厕所、去便利店买饭团都是跑着去的。

市川昆、黑泽明和山中贞雄……
为了画刀剑打斗场景看了很多时代剧

——刀剑打斗场景很难画吧？为此您也学习了不少吧？

汤浅：确实学了些。我看了很多时代剧。以前在亚细亚堂做动画时看了江户时代的时代剧，这次看的是战国时代的。在收集资料的过程中知识变得越来越丰富，乐趣也越来越多，连收集本身都变得有趣，就看了许多。

那时文艺座*有默片上映，我也去看了。有内田吐梦、稻垣浩、三隅研次等导演的作品，还有阪东妻三郎、大河内传次郎出演的作品。也看了若山富三郎的《带子雄狼》系列，他持刀站立的姿势很帅气。市川昆的《寒风纹次郎》里，有一个场景像进行时

---

* 作家三角宽于1956年在东京池袋创立的电影院，于1997年停业，并于2000年重建，改称为"新文艺座"。

代考据一样，仔细展示各种小物件。当然我也看了黑泽明的电影。他是注重写实的导演，拍摄时代剧时，十分擅长以衣着表现身份的不同，展示建筑和小物件的方式也颇为讲究。《蜘蛛巢城》（1957）里，城楼的形态粗放而合理，他把木头的纹理拍得很漂亮，木板似乎也是用那个时代的道具削制而成的。稻垣浩的《宫本武藏》（1954）里，八千草薰的体态真好啊。也许因为她也演舞台剧吧，跑动时胳膊不会乱挥，非常美。

——您的关注点还真是不同啊。

汤浅：是呀。我看它们是为了画画，好的真人电影有不少值得一看的地方。其实，我甚至成了八千草薰的粉丝，因为想看她的体态还看了她出演的其他作品。

提到战前的时代剧，导演里出类拔萃的是山中贞雄。他拍的打戏既帅气又现代，有点像美国电影。我觉得他的电影比早期的黑泽明电影要现代得多。他的《丹下左膳余话·百万两之壶》（1935），真是时髦啊。

——嘴上说着"我可不做那种事",场景一转就见他行动起来了。这种反复确实挺好笑,也确实时髦。

汤浅: 还有,猫和小道具也用得很巧妙。很是时髦啊。我看过他作为客座导演专门负责打戏的作品,非常摩登。之后动画做的东西,九十年前他就已经在做了。这样的人英年早逝(二十八岁时在参战途中因病去世),真是太可惜了。如果他还活着,他的电影集锦一定相当了不起。

——在《八犬传》中,您有学到什么吗?

汤浅: 动画中的现实感和写实表现——我想我学到了以此为目标深度钻研的创作意识。作为创作者,我想做出能 100% 传达心中想法的作品,但是自己的能力差得太远。而且我发现,就算是在自己能力范围内做出来的作品,如果想要 100% 传达,也很难完全做到。如果时间不够但是具备能力,可以传达 70%、80%;如果时间充足,可以传达得更多。可是,如果想再提升 5%,就需要花费两

三倍的时间。相较之前,我开始更多地思考性价比高的做法和形式。

——又学到了新东西呢(笑)。

汤浅: 是呀(笑)。在工作中我会遇到新的问题,而解决它会让我感到快乐。这样做不行,那样也不行,为什么不行呢?那么这样呢?该怎么做才行?我十分享受这种思考的过程。当然,也可以把自己不擅长的部分交给擅长的人去做。可是我这样的人,即使是不擅长的部分也想自己去完成并习得,想找到突破困难的点子,就算这次失败了,也想把经验用到下一部作品中。我本就以这种"学习"为乐嘛(笑)。

为音乐配上画面便有好心情,
大家开心,我也开心

——回溯履历的话,您在《樱桃小丸子》的电视动画系列和剧场版中负责了作画等工作吧。作品中音乐和画面的配合，令人印象深刻。

汤浅： 在亚细亚堂工作时，我负责《樱桃小丸子》作画的主要部分。做《樱桃小丸子》的第一部剧场版（1990）时，我在同事的协助下完成了整部作品的设计稿（layout）；之后是《樱桃小丸子：我喜欢的歌》（1992）。樱桃子女士有现成的喜欢的歌，我便给音乐配上画面。我做的是笠置静子的《购物布吉》和大泷咏一的《1969年的直线竞速赛》。看到大家喜欢这些，我觉得做动画真开心（笑）。

——不仅是《樱桃小丸子》，您在其他作品里也常常为音乐配上画面吗？

汤浅： 我觉得自己很擅长呢。本乡先生说"画面搭配上音乐就会变华丽"，我便依葫芦画瓢，做的时候发现确实如此。有越来越多的片头曲（OP）和片尾曲（ED）交给我做，即便是注记表*上没有标记

---

* Spotting Sheet，"注记"在动画制作领域指让画面和音乐配合的一种方法。在已经完成的音乐上进行注记，形成表格，以此为指南进行作画。

的时刻我也能听出来,为它配上画面。边听音乐边画下脑海中浮现的影像,与音乐配合得越好,我的心情也越好。

对我自己来说,不论做什么都不觉得有太大不同,但别人似乎会给出不同的反应。看到大家都喜欢我配合音乐做出的动画,我觉得自己肯定擅长这件事。

——这么说,您属于想要回应大家的期待的那类人?

汤浅: 不如说,我只是喜欢让大家开心。有些艺人不也是因为小时候在大家面前搞怪,逗得大家开怀大笑,才想着长大后当艺人的吗。我可能就是这样的人哦(笑)。

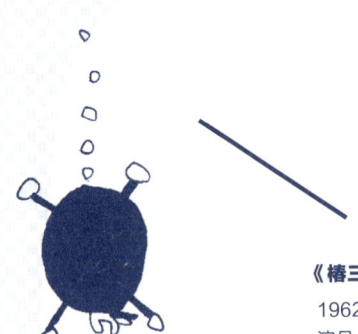

> 我的
> 心头好

喜欢的时代剧

《椿三十郎》
1962 年上映／日本
演员：三船敏郎、仲代达矢、加山雄三、
小林桂树、志村乔 等

《七武士》
1954 年上映／日本
演员：志村乔、三船敏郎、木村功、加东大介、
宫口精二、稻叶义男、千秋实 等

《用心棒》
1961 年上映／日本
演员：三船敏郎、仲代达矢、山田五十铃、
司叶子、土屋嘉男、东野英治郎 等

　　我试着从黑泽明的作品中挑选了几部时代剧。我喜欢《椿三十郎》的设定和故事，也非常喜欢它的漫画感。三船敏郎摆着一副厌世的表情，时常引人发笑；年轻人过于纯真直爽，容易上当。登场角色还有异常悠闲的夫人和女儿，结尾出现的角色也有各自的魅力。椿花顺水漂走的场景暗藏玄机，叫人心跳加速又惹人发笑。还有，最后的决斗竟然是一击毙命。寂静中华丽的动作一闪而过，死者的面容十分逼真。

《用心棒》的主角浪人同样由三船敏郎饰演，制作更早些。但是这部作品更严肃，运镜和细节十分讲究。开头使用深焦镜头拍摄的场景就很飒爽，布景乃至木材的纹理都很是考究。因此我的观看方式不一样，《用心棒》是在电影院看的，《椿十三郎》则是在家里用显示器看的。大概是我想观察《用心棒》的细节，想放松地欣赏《椿三十郎》的剧情。实际上，在电影院看《用心棒》时感觉更有趣，有点不可思议。

　　还有一部就是《七武士》吧。作为动作片它的魅力无须多言，武士和农民的对比，以及二者的关系，都在其中有深入的探讨，很有趣。最后取胜的是农民，这反映了时代特征以及黑泽明的思想吧。至于动作戏，制作《八犬传》的时候我看了很多遍。用一个词总结的话就是"不得了"。雨戏也好，打戏也好，都有着十足的压迫感。演员看起来真的像要受伤了（笑）。连刀刃都有了豁口，立刻换其他刀顶上，这太真实了。我会想象，在雨后的泥泞中打斗是什么感觉？应该怎么表现刀？农民和武士该怎么穿和服？我反复观看、学习。听说黑泽明导演让演员在开拍前一个月适应服装，我恍然大悟。因为穿和服时的肢体动作和穿日常服装时完全不同。在开拍前几个小时才穿上和服，是无法立刻进入正片的拍摄状态的。为了更真实，这样做是必要的。因为在说《八犬传》的时候已经提到过了，所以我有意略去，但是山中贞雄也是我很喜欢的导演。他的《丹下左膳余话·百万两之壶》（1935）兼具摩登感和喜剧性，《人情纸风船》（1937）也是顶级的作品。

#2

从动画师到导演,《心理游戏》中的收获与课题

《心理游戏》

这部将实拍、3DCG和2D融合在一起的创新作品引发了热议,获得第八届文化厅媒体艺术节动画部门大奖。在青梅竹马兼初恋小弥开的居酒屋里,西被讨债的黑社会杀害。之后他竟然起死回生,却又被鲸鱼吞下……这是汤浅政明担任导演的首部长篇动画。

上映年份:2004 原作:Robin Nishi 导演、脚本:汤浅政明 角色设计、总作画导演:末吉裕一郎 动画制作:STUDIO4℃ 配音:今田耕司、前田沙耶香、藤井隆、田熊靖子、山口智充、坂田利夫、岛木让二 等

——汤浅先生首次担任导演的作品是《小小吸血鬼》(*Vampian Kids*, 2001—2002) 的试播片《吸血鬼才怪》(1999) 吧,由 Production I.G 制作。

汤浅: 我在 Production I.G 导演过《吸血鬼才怪》和另一部短片《史莱姆冒险记:哇,大海!》(1999)。那时候我感到迷茫,是就这样继续做动画师,还是也做演出相关的工作?按那时的职业经历来说,做动画师感觉会比较顺风顺水。而对于我往演出的方向发展,有人给出了否定的意见,也有很多人认为我不合适。

——可是,您最后选择了做导演。

汤浅: 是的,理由很简单,因为有趣。我觉得做自己没做过的事情会有更大的成长空间。

作为动画师,我在一定程度上建立了不错的口碑,但觉得自己不会有更多成长了。当然,有的作品必须靠经验积累才画得出来,也有些东西得靠精益求精才做得到。但凡尝试一次,下次肯定会做得更好。可是,我不觉得自己能像超级动画师那样作画,平时也有浑水摸鱼的时候，我想还是学做演出更有发挥的天地。而且那时，我预感到以后手绘动画不会再是主流，跳槽的时候也想着能在更多领域积累下经验。

——《吸血鬼才怪》里的动态画面很有汤浅先生的特色，炸裂又有趣。可是转换到文戏的场景，就变得乖巧安静，落差非常大。所以我想您是个"动态"的人。

汤浅： 动作戏很有趣，但是一到文戏就没劲，大家都这么说我（笑）。那时这部作品是为后续做成电视动画系列试水的，所以在设计动作戏的时候，我已经尽量控制了动作幅度。到了角色对话的场景，可能就让他们更加不带表演地、符号式地保持静态了吧。

对《心理游戏》中代表性的"动态"的坚持

——《心理游戏》是汤浅先生首次担任剧场版动画导演的作品,给我留下了一直在动的印象。我猜您是因为做《吸血鬼才怪》时发现自己擅长表现"动态",所以这次才试着完全以动态来表现作品的吧。

汤浅: 做《吸血鬼才怪》的时候,因为考虑到电视动画对动作有限制,我希望在动作尽可能少的情况下让动画变得有趣。另一方面,电影能够解除这种限制,所以我希望《心理游戏》能尽可能地动起来,变成有气势的动画。不过其实电影也有电影的限制,让画面动起来也很难。

话虽如此,画面也不是一直在动,也有几乎一动不动的场景哦。《吸血鬼才怪》的静止场景中,角色多数时候都是直挺挺地站着,但是在《心理游戏》中,我总会配合情境让角色摆出更自然的姿势。也因为这部是电影,才会比短片做得更加完善吧。

我现在会特别注意,在绘制安静的对话场景时,即使画面是静止的,也要画出让人感觉不无聊的图。这也是我对《吸血鬼才怪》的反省,当时对静止场景的处理心有余而力不足,做得不太好。

我确实对"动态"有坚持。在其他动画里难得一见的动态,在最近的动画里不常表现的动态,将一目了然却不简单、一不小心就会陷入苦战的写实描写以高性价比的方式表现出来的动态,这些我都很喜欢,挑战起来很快乐。因为会有新发现呀。

——从这个角度来说,《心理游戏》是汤浅先生的一大挑战呢。可是,为什么要选如此难以动画化的题材作为您的第一部长篇作品呢?

汤浅: 我参与制作森本晃司*先生的《音响生命体》(1997)时,Robin Nishi 老师的漫画《心理游戏》在动画师间备受热议,也讨论过要把它做成动画,最后选中了我。

没想到世界上会有想让我来做导演的奇人,而

---

* 森本晃司(1959—),日本动画导演,STUDIO4℃成员。

且 Robin Nishi 老师的漫画真的很有趣，我就接下了这份工作。Nishi 老师的漫画不画草图，乍一眼还以为是涂鸦。可是他以自己的想象和明确的记忆为基础作画，没有模仿其他画风，有独属自己的风格，与众不同又有力量感。更不用说他的内容了。

我很想把这种有个性、有特色的画做成动画，让它动起来。这样的画，如果一板一眼地精细描绘，就会渐渐远离原作的魅力。所以我考虑要尽量做得粗放。我认为作品的那种力量感，最适配这样粗放的感觉。

——在动画中塑造粗放感，这很难吧？

汤浅： 虽然有时因为时间不够会乱来，但是做动画，就是把画面改得越来越整洁的过程，所以确实很难维持画面的粗放感直到上映。因此，我努力把这样的意识传达给每一位工作人员，同时导入照片和实拍，搭配这样不和谐的元素，人为创造出不受控制的工序，以此调配出恰到好处的潦草感。

我多用大色块涂抹，让信息变得模糊，再把各种风格的画面混在一起。我认为做到看似杂乱却有统一感就是成功，因此在制作时注意维持平衡。最后主角眼中的世界，就是这种杂乱又统一的感觉。

某种"察觉"，让世界在一瞬间大变样

——原来如此，进行了不少探索与尝试啊。

汤浅：是啊，作品的主题是要表现主角的情绪和内心嘛，我觉得很难用客观、普通的影像去呈现。

比如开头部分，那时主角的意识里还没有注意到周围的环境，所以四周画得朦胧，而他注意看的东西则画得精细。随着冒险不断推进，主角发现了人世间的乐趣，四周就变得清晰，因为他变得能看到周围了。用这样的方式，我让画面与主角的心理活动联动了起来。

当看到主角去往了一个比起现实更能让他感到安心的宜居之所时，有年轻的工作人员问我："为什

么不能在那里定居呢？""主角为什么要离开？"于是就必须在不否认宜居性的前提下，说明主角离开的理由。

那个时候，我想起了自己刚上大学时，自认为在绘画上有一些创造力，和其他人有些不一样。某天我突然意识到，身边的人肯定也在创造，而自己则生活在其他人的创造中。从出生开始，我们就在使用某人建造的房屋和道路，穿着某人缝制的衣服，吃着某人烹饪的食物，使用某人制作的道具，如此生活——意识到这一点时，我的世界观"砰"的一下改变了。

对这一点有具体认知，是开始给《蜡笔小新》做设定的时候。我一点一点地明白了，"原来是这样呀，现实居然这么有意思啊""有各种各样的东西啊""有各种各样的人，是许多人造就了这个世界"。我让主角体验那种"逐渐察觉的乐趣"，并把这作为他离开的理由。在察觉到某样重要的事物之后，人会变得情绪高涨，眼中的世界都像被刷新了，我想

要表现出这种感觉。

对拼贴表现的坚持以及用影像讲故事

——把照片和画拼贴起来很有趣,在使用这种形式时有什么自己的坚持吗?

汤浅： 在这方面我也设立了规则。主角感兴趣的事物用精细描绘的画或者照片,不感兴趣的东西则碎片式地贴上照片的一部分,减少信息量,或者画上大而歪斜的线。

还有,因为角色很简单,拍特写的时候信息量不够。虽然也可以画得更加精细,但是我想,要不干脆用实拍的脸吧。就这么决定了。我想主角对人脸应该也有兴趣,于是详细地表现了这一点。

和自然现象一样,其实我常常觉得,与其耗费时间、煞费苦心地再现画面,不如直接用照片,在这部作品里我就这样做了,没想到效果还不错。

——您没有用台词，而是用影像在讲故事。《心理游戏》上映时我去看了，没有完全理解故事，重看之后才完全明白（笑）。

汤浅： 也就是说，和德·帕尔玛一样，我的作品如果不看两遍就看不懂吧（笑）。

——德·帕尔玛的不少电影都的确如此，他本人也曾宣言"电影是应该反复观看的艺术"呢（笑）。

汤浅： 上映时，确实有很多人说"没有故事情节"。我心想，哎呀，明明有呀，为什么大家会这么想？故事虽然简单，但也足够跌宕起伏。散乱的表现可能叫人有些摸不着头脑，实际上是我想要呈现多样性，特意这么做的。

虽然我心里觉得自己做得没问题，但如何以符合大家期待的方式"讲故事"，成了我之后的一大课题。对我来说，只表现角色的一两个侧面是不够的，我想描绘角色的很多个侧面。不断挖掘会发现角色深不见底，像是能无尽地探索下去。这与我注视世界时的感觉很接近。

比起获得有名的奖项，
被很多人说"真有趣啊！"更令我高兴

——这次我重看了《心理游戏》，感觉您是将所谓的意识流做成了影像，因此画面不断在发生变化。把这样的变化与故事嵌合，很有您的导演风格呢。

汤浅：嗯——但是作品最终没能收获人气，还遇到了不少糟心事。以此为契机，倒是让我思考了很多。

——虽说没能收获人气，可是《心理游戏》获得了包括文化厅媒体艺术节动画部门大奖在内、海内外的许多奖项呀。首次导演长篇动画就能收获如此之高的评价，您难道不高兴吗？

汤浅：我认为得奖是一种荣誉，至少说明评委们认为我们的作品是有趣的，这么想会让我开心。而且得奖也是对工作人员所做工作的赞赏，对此我十分感激。作品得奖后能得到更多关注，能让这部作品的观众再多一点，对我来说没有比这更开心的事情了。

但是说实话，我想要的，其实是作品能被很多人看，能被很多人说"真有趣啊！"，这才是让我最开心的。

——也就是说，想做出《你的名字。》？

汤浅：（笑）哎呀，我不是这个意思。该怎么说呢。我做这部作品的初衷是想让更多人开心，但从结果上来说没能实现。我想知道原因。

——那么您在制作《心理游戏》的过程中有什么新发现吗？

汤浅：做长篇的时候，需要给角色设定背景故事，之前经历过什么事情？之后会发生什么？主角在鲸鱼肚子里遇到的大叔，在设定上是在那里独自住了三十年。大叔的背景故事是在工作人员的帮助下完成的。这部分原作没有涉及，是原创的。有趣的是，不同年龄层的人对于相同的事情，感受方式和接受方式是有差别的。在设定背景故事的时候，我也有意识到这种"差别"。

然后还有一点，我意识到了最重要的是故事。观众看电影，大多是为了享受故事。还有，我想比起意想不到的情节发展，他们可能更愿意看到故事朝他们希望的方向发展吧。如何才能做出绝大多数人想看的故事，成了我之后的一大课题。

我的
心头好

喜欢的剧场版动画

《鲁邦三世：卡里奥斯特罗城》

1979 年上映／日本
原作：Monkey Punch
导演：宫崎骏
配音：山田康雄、小林清志、增山江威子、井上真树夫 等

《银河铁道 999》

1979 年上映／日本
原作：松本零士
导演：林太郎
配音：野泽雅子、池田昌子、肝付兼太 等

《魔神 Z 对暗黑大将军》

1974 年上映／日本
原作：永井豪、Dynamic Production
导演：西泽信孝
配音：石丸博也、田中亮一、江川菜子 等

　　我最喜欢的剧场版动画就是这三部。上中学时看的《卡里奥斯特罗城》，是第一部让我在电影院里笑出声的电影。鲁邦在城堡的房顶上狂奔，借势跳到旁边的塔上，却"啪"地贴到墙壁上，哧溜哧溜滑了下来。我觉得这种卡通式的表演很好笑。还有钱形警部故意生硬地念台词，像是"真没想到在这里发现假钞"之类的，以及透过水看到脸变得歪歪扭扭……惹人发笑的场景太多了。其实我在看电影和电视的时候很少表露感情，所以会想，"啊，我现在竟然在笑"。当时一个影厅会重复放同一部电影，所以我连着看了三遍，同时期上映的中国香港电影《半斤八两》，我也看了两遍。以前的电影院里经常发生这种事哦（笑）。

　　另一部是《银河铁道 999》，在看完剧场版后让我产生了"上当"的感觉。电视动画里，主角铁郎在银河中旅行，感觉旅途十

050

分漫长，所以很好奇最后会是什么样的结局。此时剧场版上映，对我来说真是"来得刚好！"。实在算不上是帅哥的铁郎变帅气了，连哈洛克船长和艾美拉达丝也出场了，阵容豪华。当然，因为是剧场版，质量相当高，而且我终于可以知道结局了，看得我很满足，但同时"被牵着鼻子走"的感觉也很强烈（笑）。

不过，《999》不是最让我感觉"被牵着鼻子走"的。给我最强烈那种感觉的毫无疑问是《魔神Z对暗黑大将军》。上小学四年级的时候，我觉得魔神Z被破坏的样子很有魅力。在这部作品上映的几年前，我加入了"魔神俱乐部"，拿到了金属的会员证，然而画在上面的魔神Z的形象和我们知道的完全不一样。我很是惊讶，心想，这是怎么回事？后来在剧场版上映前看到面向儿童的电视杂志，上面的跨页画着战斗至破损的魔神Z被敌人包围，而远处的山顶上有另一个魔神Z的剪影，那个剪影的形象和会员证上的魔神Z一样！！！"难道只有会员才知道？！"纯真少年肯定会被骗到吧（笑）？我兴奋地看了剧场版，才知道那个剪影是大魔神。原来这部电影是为了衔接《魔神Z》和《大魔神》，我真是被骗得团团转（笑）。

以前如果要选三部喜欢的剧场版动画，我一般会让《网球娇娃》占据一席之地，但是这次，我选《魔神Z对暗黑大将军》！

#3

第一部电视动画《兽爪》和科幻作品《海马》。与原班人马合作，感受到团队的成长

《兽爪》
俊彦作为狩猎食人鬼的战斗组织"愧封剑"的副首领，却与食人鬼坠入爱河，一起逃亡。弟弟一马则追逐着选择了禁断之爱的俊彦。这是一部描写他们的思考与纠葛，恐怖又畅快的暴力爱情喜剧，是汤浅政明导演的第一部电视动画。

制作年份：2006　原作：汤浅政明、MADHOUSE　导演、系列构成：汤浅政明　角色设计：伊东伸高　动画制作：MADHOUSE　配音：木内秀信、椎名碧流、吉野裕行、柿沼紫乃、内海贤二、筈见纯 等

《海马》
获得第十二届文化厅媒体艺术节动画部门优秀奖。丧失所有记忆的海马，险些被狩猎记忆的机器"司空客"袭击。海马帮助了知道自己身份的男人波波，成了宇宙客船的偷渡客，踏上寻回记忆的旅途。

制作年份：2008　原作：汤浅政明、MADHOUSE　导演、系列构成：汤浅政明　角色设计：伊东伸高　动画制作：MADHOUSE　配音：桑岛法子、能登麻美子、朴璐美、江川央生、藤村步 等

——之前，您提到在制作《心理游戏》的过程中遇到的一大问题是故事。电视动画系列《兽爪》（2006）是您的原创故事吧。

汤浅：我本来没能写出故事，正想着写写看的时候，MADHOUSE 的丸山正雄先生找到我说："做点什么吧。"《兽爪》因此应运而生。

——这是汤浅先生作为导演的第一部电视动画吧。

汤浅：是啊。选择爱情故事，是因为这是最容易理解的故事类型。

——汤浅先生，您的作品中意外地有很多爱情故事呢，是因为您喜欢吗？

汤浅：比起我喜欢，我想这种故事类型应该是大家最喜欢的吧。就像《罗密欧与朱丽叶》一样，爱情故事中遇到的阻碍越大，越能激起观众的热情。所以我将《兽爪》创作成了关于食人鬼和狩猎者的故事。

——虽说同样是阻碍重重的爱情故事，但这部作品的风格也太独树一帜了（笑）。

汤浅： 我怕很认真做了却出现破绽，而且我很喜欢 B 级片那样的剧情发展，所以想营造有些轻狂的氛围（笑）。类似大映电视剧*的剧情，让人能低声发笑的那种。

那时我发现自己越来越不擅长表现残酷的内容，所以特意做成了血浆片的感觉。我小时候看的连载漫画里，有许多作品连作者自己也不知道后续剧情的走向。《兽爪》的制作过程也一样，船到桥头自然直。为了创作与这粗糙又浓烈的剧情相符的画面，我们参考了电视动画作画金字塔之一的《虎面人》[†]，设计出了这样的角色。但有人认为看上去差点意思，粗制滥造，或是有点过于恐怖了，我心想"原来是这样啊"。哎，那时我真的觉得好难啊（笑）。

---

* 指大映电视株式会社制作的电视剧，以夸张的台词、强烈的情感表达、滑稽的剧情为特色。
† 从 1969 年 10 月 2 日开始播映的电视动画系列，共 105 话。改编自同名摔角题材漫画。

同时负责脚本，
学习演出方面的统筹技巧

——脚本是如何创作的？

汤浅： 一开始，我对脚本毫无头绪，所以找来了编剧，想要学习创作故事的方法。可是，我不知道该如何与编剧打交道，更不要说学习了。可能由我自己来主导，告诉对方"我想要这样的东西"会比较好。但是，通过削减各种要素与可能性来提炼故事的样貌，这太难了，最后做出来的完全不是自己想要的故事。

因为我实在不擅长沟通，最后抛下编剧，自己来写了。这样我反而做好了从头再来的觉悟。我在编剧写好的一话的结构上，加入自己想出来的情节，创作脚本的工作开始有了进展。不过，写了几话之后我发现这样下去还是吃不消，就找来几个人帮忙，一起开脚本讨论会。

我提议"希望角色变化的过程像日落一样，逐

渐发生",有人告诉我"如果没有契机,观众是意识不到这一点的",我才明白"啊,原来如此"。角色循序渐进的变化很难被观众注意到,不如制造契机、让角色做出巨大转变,这样更容易理解,与故事情节的发展也能串联起来。

在那之前,我还像做《心理游戏》那时候一样,只想着把内容有趣地结合在一起。还以为通过把有趣的场景衔接在一起表现出变化,就能形成故事了,但是只有这样还不够……我就这样一点点地学习到了演出方面的统筹技巧。

从各种角度思考演出这一工作,也是从那个时候开始的。

**系列作品的制作方式,
从各种类型的人气作品中得到启发**

——说到系列作品的制作方式,您有什么发现,

或者注意到什么吗？

汤浅： 那时有部很有人气的电视剧，叫《大和抚子》(2000)。主角是一位拜金女，每集都有类似"这世上，金钱或许不是全部"的场景来表现主角性格的变化。可是，她对金钱很是执着，到了下一集开头，又变回原先那种拜金的性格。

也就是说，在类似单元剧的系列作品中，角色必须保持统一。比如《哆啦A梦》里的大雄，就算这一话里发生了让他成长的事情，到了下一话他肯定会变回原样。反之,也有将这样的内容衔接在一起，到最后一集再让主角完全转变的做法……系列作品的做法非常多样呢。

中岛罗门的娱乐动作小说《加大拉的神迹》也一样，留下令读者好奇的悬念，让事件看似告一段落，却导致之后发生大问题；人死了也不会多费笔墨，直接推进到下一段剧情，制造速度感。在我学习剧情推进方法的过程中，这些电视剧和小说都是很好的参考。

——原来如此,您从各种类型的作品中学习到了很多呢。

汤浅: 至于《兽爪》,我本想让它有个圆满的结局。可是有人说"按照这个剧情走向,是没法善终的"。我心想,是这样吗?原来之前的情节发展,已经决定了最后的结局吗?于是我开始思考,为了让观众接受大团圆结局,我该怎么做才好。也收集了像是"让这个和这个对峙比较好""同样的情况出现两次的话,对比下来会得出不同的答案"等各种意见,反复推敲。我当时内心的感受其实是,"到底会变成什么样啊",但还是有意识地去尝试,之后也有顿悟的时候,发现"原来是这么一回事啊"。

我翻看了观众对很多人气作品的感想,发现只是埋下和收回伏笔就能让人感到有趣。可是我不觉得单纯收回伏笔有意思。如果在收回伏笔的时候情节来个大反转,倒还可以接受……从作画的层面来说,我也是喜欢表现氛围感的演出的。唉,我真的不知道什么样的演出才能让大家开心啊(笑)。

嗯，总之我按照自己的想法，将自己觉得有趣的情节连在一起，变成故事，再将它嵌入叙事理论的结构，写成脚本。对其他工作人员来说，不考虑后续发展的制作方法似乎也很难实行。果然还是事先确定后续发展比较好呢（笑）。

活用《兽爪》经验的《海马》

——活用这些经验制作的下一部作品，是《海马》（2008）吧？

汤浅： 我在制作这部作品时，从一开始就看准了它的结局和接下来的情节发展。虽然到制作中期，主题还没有明确（笑）。

因为之前观众对角色设计的反响不好，所以这次采用了简单的、早期动画的风格，目标是让角色显得单纯、柔和又可爱。《兽爪》的主色调使用了近似原色的红和蓝，而《海马》没有使用原色，做出像褪色了的旧卡通动画那样的感觉。就算没有鲜艳的颜色，将淡蓝色、褐色、肉色和黄绿色组合在一起，就会产生独特的美。也有点新艺术运动*时期印刷品的感觉。因为主题关于记忆，我觉得这种古旧的感觉还挺适合的。

还有，做《兽爪》的时候时间不够，我们又要根据情况大幅改变画面整体的颜色，结果看起来就像红绿灯。也是吸取了之前的经验教训，这次在做色彩设定相关工作的时候更加细致了呢——实际上，试着做了之后就会发现很辛苦。

此外，在《兽爪》中使用照片做背景，费了不少功夫。这次仅靠想象绘制背景，简单了不少。

——角色设定也风格一转，变得可爱了呢，有以前手冢治虫笔下角色的感觉。

汤浅：负责角色设定的伊东伸高先生选定了手

---

* 指从 19 世纪末到 20 世纪中流行于欧美的一种艺术风格，运用椭圆和直线的平面构图，表现乐观、热情和进步。

冢治虫的风格作为目标，我也觉得不错，所以之后就有意识地向手冢治虫靠拢了。

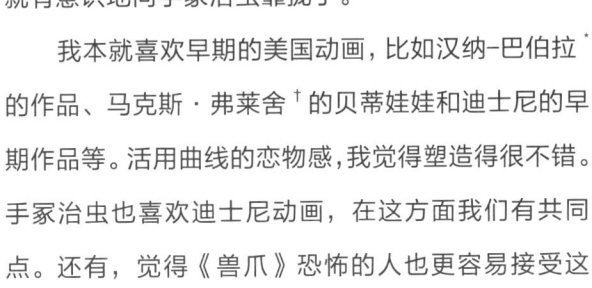

我本就喜欢早期的美国动画，比如汉纳-巴伯拉[*]的作品、马克斯·弗莱舍[†]的贝蒂娃娃和迪士尼的早期作品等。活用曲线的恋物感，我觉得塑造得很不错。手冢治虫也喜欢迪士尼动画，在这方面我们有共同点。还有，觉得《兽爪》恐怖的人也更容易接受这种风格吧。

《兽爪》制作团队面临全新挑战……
迎来下一个课题！

——因为是科幻作品，在美术方面应该也面临

---

[*] 由动画师、导演兼制片人威廉·汉纳和约瑟夫·巴伯拉于1957年创立的动画制作公司，作品包括《猫和老鼠》《杰森一家》等。
[†] 马克斯·弗莱舍（Max Fleischer，1883—1972），美国动画师、导演和制片人，创立弗莱舍工作室，和他人共同创造了贝蒂娃娃这一角色，并将大力水手、超人等漫画人物搬上银幕。

了不少挑战吧?

汤浅:《海马》在故事上有着浓重的科幻色彩,像是把记忆数据化,这部分我没有追求真实、精细,而是尝试像符号式的童话故事那样去表现。

最近,我才知道和《攻壳机动队》(1995)有点像(笑)。确实,故事都是关于替换记忆,是有点像,直到有人告诉我,我才发现。《攻壳机动队》很硬核,《海马》则是决定要做成漫画风格,画得令人易于理解,我没想到两部作品的故事能关联起来。

——制作团队也是《兽爪》的原班人马吧。

汤浅: 是的。我觉得和同样的团队合作很不错,大家各自都有所成长,也逐渐明白自己想做什么。每话都有单独负责的演出,工作人员也很多,但所有人都团结一心,我也努力让大家发挥自己的个性。

或许也是因为这样,在绘制的层面上,这部作品的进展是最顺利的。到配音的时候,第四话都已经是上好色的了。这对电视动画来说是十分少见的情况,我想这应该是最为稳健的一次。

——即便如此,也还是留下了新的课题吗?

汤浅: 最后应该如何结尾。对于结局我自认为是认真思考过的,但是有很多工作人员对此并不满意,我当时想,到底什么样的结局才能让大家都满意呢。

——原来如此。可这部作品也得到了极高的评价,获得了文化厅媒体艺术节动画部门优秀奖呢。

汤浅: 不知道是不是也因为这个,有人对我说过,"你倒是能得奖啦"(笑)。

——想把"倒是能得奖"变成"还能有奖拿"?

汤浅: 是啊,我十分希望能得到一次肯定呢。

——怎么会,您已经得到肯定了吧?

汤浅: 嗯——是这样吗?我不太弄得清这里面的门道。

——比起获奖,更想要收获人气?

汤浅: 是吧……我想要的可能是作品人气爆棚到让我目瞪口呆呢(笑)。

#4

> 我的
> 心头好

喜欢的动画师

温瑟·麦凯

漫画家、动画师。1871 年 9 月 26 日出生于美国。将在报纸上连载的漫画《小尼莫梦乡历险记》改编成自己的第一部动画《小尼莫》。代表作《恐龙葛蒂》由上万张原画制作而成。

特克斯·艾弗里

动画师。1908 年 2 月 26 日出生于美国。造就好莱坞卡通黄金时代的动画导演之一。创作了兔八哥、达菲鸭、德鲁比等人气角色。

森康二

动画师、绘本作家。1925 年 1 月 28 日出生于日本鸟取县。受到政冈宪三导演的《蜘蛛与郁金香》和美国彩色短篇漫画的影响,踏上动画之路。在《淘气王子斩大蛇》(1963)中成为日本第一位作画导演,奠定了日本动画界的基石。

　　说起外国的创作者,还得是特克斯·艾弗里。他的作品里有很多夸张的画面,虽然情节有相似的,但是都很有趣。比如在绝对不能出声的情景里,角色不由自主想大喊,要用手捂住嘴,却用上了双手双脚,最后用屁股走路,飞奔出了房间。这样的想法让我大吃一惊,也影响了《蜡笔小新》里小新用屁股走路的情节。还有角色服毒之后很难受,突然变成飞机的形状飞行又坠落;或是角色在病重濒死之际,突然拿出一枚硬币,抛出硬币的同时人也随之倒下,等等。真是天马行空。艾弗里创造了各种各样夸张的动画表现形式。

064

麦凯活跃于动画早期，也为报纸周日版画过整版的漫画。他的画多用远景构图，眼睛部分也画得比较粗略。他充满幻想的表达很有魅力，有特别的韵味，我很喜欢。除了《小尼莫》（1911）和《恐龙葛蒂》（1914），还有基于史实创作的无声纪录片风格的动画《卢西塔尼亚号的沉没》（1918）。他为动画的普及和发展竭尽全力，我记得有以他的名字命名的奖项（"温瑟·麦凯奖"）。

日本虽然有很多动画师，但如果只选一人，我会选森康二先生。从《小猫的涂鸦》（1957）到《小猫的工作室》（1959），可以看出他此时对于搞笑动画的动作设计已经接近完成。他的画风虽然可爱，画面却有着严谨的立体感设计，我想如果让他去画日常戏应该会特别出彩。高畑勋的《太阳王子霍尔斯的大冒险》（1968）里有两处我喜欢的场景，后来听说这两处都是森先生负责的。《西游记》（1960）中也是，无论是我喜欢的部分，还是让我留下深刻印象的场景，都是森先生负责的。还有《淘气王子斩大蛇》（1963）。他被称为日本第一位作画导演，笔下那种简洁的角色设计风格我也很喜欢。因此，与其说我因为喜欢森先生才看他的作品，不如说我喜欢的那些正巧都是森先生做的。在我的记忆里留下深刻印象的场景，负责它们的动画师居然是同一个人，真的太厉害了（笑）。

《四叠半神话大系》

也让我切身体会到，将原作改编成动画时重要的事情

《四叠半神话大系》
获得第十四届文化厅媒体艺术节动画部门大奖。"我"是个梦想过上"玫瑰色的校园生活"的大三学生。但是现实的生活与梦想的完全相反。"我"心中怀揣着"要是没有选错社团"的遗憾回到了大一入学时，在平行世界体验此后的大学生活……

制作年份：2010　原作：森见登美彦　导演：汤浅政明　系列构成、脚本：上田诚　角色原案：中村佑介　角色设计、总作画导演：伊东伸高　动画制作：MADHOUSE　配音：浅沼晋太郎、坂本真绫、吉野裕行、藤原启治、诹访部顺一、甲斐田裕子等

《四叠半神话大系》也让我切身体会到，将原作改编成动画时重要的事情

——接下来的一部是《四叠半神话大系》（2010）吧。把森见登美彦老师的同名小说改编成动画系列，由富士电视台的noitaminA*栏目播出。这次我是在网上看的，因为有很多重复的内容，我想它不适合在网上一口气看完呢。这是否就是作为电视动画系列，要一话一话追连载才更有乐趣？

汤浅：我懂。其实，也有人看到第三话就看不下去了（笑）。

——还有，我没有看过原作，好奇原作是如何表现这些段落的，会不会因为是影像才能以这样的结构呈现呢？

汤浅：不是哦，原作也一样。同样的段落复制粘贴反复出现。让读者觉得"嗯？我看过这段

---

* 日本富士电视台开设的深夜档非常规动画栏目。栏目名称为"Animation"（动画）的倒写，意为"颠倒动画的常识"，播放的作品包括《蜂蜜与四叶草》《宅男腐女恋爱真难》《国王排名》等。《四叠半神话大系》的播出时间为2010年4月到6月。汤浅政明的另外两部作品《春宵苦短，少女前进吧！》《宣告黎明的露之歌》也分别于2017年4月7日和2017年5月19日在此栏目播放。

吧？"。虽然有读者觉得不好读，但它们是故事的伏笔。而且做成电视动画时，四个故事被扩充到了十一话。

——这部小说很容易改编成动画吗？

汤浅： 还是很难吧……更确切地说，是非常难（笑）。要说原因，原作中最有趣的是文章本身，也就是它的口语体。主角一直在自言自语，构成了文章内容。我的任务是把这份有趣尽可能体现在动画里，为此需要做很多改动。比如占卜师老婆婆口中的"Colosseo"（罗马竞技场），原样保留的话很难理解，所以在动画里我改成了更容易理解的内容*。

——主角喋喋不休地说出难以理解但条理清晰的内容，有点像押井守导演的风格啊。

汤浅： 押井导演也喜欢看话剧呢。负责脚本的

---

* 小说中，无论什么情况，占卜师总对"我"意味深长地说："罗马竞技场就是良机的指示。"动画版则改成了"无论何时，良机都在你的眼前"。

《四叠半神话大系》也让我切身体会到，将原作改编成动画时重要的事情

是上田诚*先生，他是活跃在话剧等多个领域的知名剧团"欧洲企划"的主理人，这是我们第一次合作。负责角色原案[†]的是画原作小说封面插画的中村佑介先生，也是第一次合作。

  最初的脚本只是概述小说的内容，介绍背景和登场人物。作为故事来说简单、没有起伏，要把它做成有趣的动画，持续吸引观众的注意力，难度很高啊。之前的原创作品《海马》(2008)，第一话的故事开场就在异世界中，谜题又引发新的谜题，到结尾处还是一个谜题都没解开，这让很多观众没能看下去。这样苦涩的经历让我觉得，即使是在开头，也要让观众获得愉快的满足感。我没有自信靠毫无冲突的平静动画，也能不让观众觉得无聊。

  所以，我只能活用森见先生的小说里充满个性和魅力的叙事方式，将原作的内容加进脚本，塞满

---

*　上田诚（1979—），日本剧作家、编剧。
†　在制作动画之前，对角色进行基本设定的工作。

独白。总之就是让主角不停地说话，语速和读小说的速度差不多。当然，默读的速度会快很多，我想做出类似的感觉。

——语速很关键吧。

汤浅：是的。如果慢慢讲，就会暴露内容其实没什么大不了（笑）。说话方式明明像老派文人，内容却只是绞尽脑汁寻找自己不受女性欢迎的借口。读小说的时候，这种学究的口吻和无聊内容的反差很有趣。所以我想，如果说得很快很快，多少能表现森见先生的小说中最有趣的部分吧。读过原作的人和粉丝们或许也期待在动画中看到那些有趣的地方吧。

为表现"动画式的冒险"和"京都风情"而下的功夫

——话说回来，制作这部作品的契机是什么？

汤浅：是富士电视台和 ASMIK ACE* 找上门来的。但是有条件，要由上田先生负责脚本、中村先生负责角色原案。原作作者森见先生只有一个要求，"想要表现京都风情"。森见先生来东京的时候，我和他见了一面，感觉他很喜欢文字，很有作家风范。

负责脚本的上田先生的剧团在京都，所以他深谙京都的风土人情。他和森见先生年龄相仿，也正在改编他的其他作品，两人已经是好搭档了。

还有，中村先生的插图，感觉是在黑白画的基础上再加入其他颜色，所以我想，做动画的时候，角色的皮肤不是肉色的也可以吧。对动画而言是有些冒险，但是最后我决定"试试看吧！"。所以角色的皮肤没有上色，就是白色的。做法上是先画好黑白的画面，再一种颜色、两种颜色地填上各种颜色，

---

* 日本电影制作和发行公司，曾出品《乱》《银河铁道之夜》《情书》《编舟记》等，与汤浅政明合作有《心理游戏》《犬王》等。

背景也一样。

　　大家对黑白漫画没有意见，却抱怨动画"为什么不做成彩色的"？说是对这种看法的反驳也有些夸张了，总之我想冒险试试看。但是，也许是因为使用了高饱和度颜色的脑内剧场令人印象深刻，在很多人的记忆里这是一部色彩丰富的作品。这也是我的一大发现。

　　——这次也用了照片呢。

　　汤浅：是的。和《兽爪》不同，原作中出现的很多场所都是以现实中实际存在的场所为原型的，要拍摄照片的话应该很容易。而且为了做出有"京都风情的动画"，比起描摹，不如直接用照片。我去了京都，拍摄符合舞台主题的场所照片，将它们加工变形成画的样子进行使用。主角住的宿舍，原型应该是京都大学的吉田寮，我也使用了照片。还有背景填充了没有什么含义的旧式日式花纹，树木的绿色上也用了日式花纹。这是负责美术概念设计的河野羚女士的点子，视觉上也充满了京都风情。

对于没有标准答案的原作，
"自己的解读"十分重要

——原来如此。后来您也改编了森见先生的《春宵苦短，少女前进吧！》，这部作品我们之后还会详谈。我想问您，像这部作品这样，将原作改编成电影，是件很难的事情吧？

汤浅： 虽然不简单，但是如何用动画传达阅读时的感受，思考这件事是我的一大乐趣。我的做法，是努力将阅读原作时觉得有趣的部分、自己心中涌现的想象，用动画的画面表现出来。不过，做电视动画时会受到限制。

——也就是说，您在把小说改编成电影时，不会原模原样按照原作来，而是会重视自己的解读？

汤浅： 嗯。很难说什么才是"原模原样"，虽然可以认为，把小说的原文直接用作台词，把漫画的原有画面和气泡框里的对话直接动画化算是"原模原样"。但是在我看来，小说和漫画会因不同读者的理解有不同的解读。也就是说，不能说作者的意思就是对的，没有所谓的标准答案。动画这种媒介要在有限的时间内将画面、颜色、声音和背景融为一体，无法兼顾各种各样的"理解"。

所以，"自己的解读"就是将自己阅读到的"原模原样"融进动画有限的二十分钟里。虽然我也会尽可能考虑作者的意思和其他人的想法，但最终还是按照自己的"解读"。一旦确定了自己的解读，就算是作者的意见，我也想装作听不见了呢。当然，制作初期会听取作者的意见，会从作者那里得到启发。然后我会在这些意见的基础上，逐渐完善自己的解读。最开始当然要通读一遍原作，通过自己的视角形成理解。如果没有这个过程，就无法把原作改编成动画。如果是以前读过的作品，我会珍视第一次读到时的印象，重读若有新发现，我会在制作动画时把它变成就算是第一次看也能感受到的内容。

因为媒介不一样，只是描摹文字或者画面，无

法让读过原作的人觉得改编后的作品保留了"原样"。话虽如此,我自己的"解读"也终究只是我个人的"解读"。但是既然我是导演,给出自己的解读是十分必要的,如果不能忠实于此,我想自己肯定没法做出作家笔下那般流畅合理的作品。

"按照原作"的定义本就暧昧不清,在改编过程中特别注意到的事情

——即便您的解读和原作作者的意思不一样,您也要坚持自己的看法吗?

汤浅: 是的,不一样没关系。媒介不一样,所以不可能做出完全一样的作品。每位创作者按照自己的想法进行创作,才是以不同媒介"翻译"时的正确做法。重要的是对作家和作品的敬意。动画不是现场演出,它会留存下来,每次都以同样的方式呈现也没有意义,而且我认为,做出独属这个时代

的解读，才是创作的意义。

比如赤穗浪士的故事*就是这样，从小说到电影、电视剧，有很多版本。这些作品创作于不同时代，我觉得把它们当作独立的作品来欣赏比较好。

——是啊。大家喜欢的吉卜力动画也有原作，但是完全不一样。

汤浅： 是的。像宫崎骏导演那样从原作汲取灵感，然后用自己的方式做大幅改编，这在以前是理所应当的。这几年，很多人都强烈要求"按照（他们心中的）原作"改编，我认为这会窄化对作品的解读以及作为独立作品的动画的广度。

即便想要尽可能做得"原模原样"，也很难做出所有人都认可的"原模原样"。虽然如此，我还是很重视对作品的还原，很多人没有意识到阅读时每个人感受到的"原模原样"是有差异的，这一点很有

---

* 元禄 15 年（1703），四十七名前赤穗藩武士为替旧主报仇，攻入仇家宅邸的故事。

意思。我想挑战一下，尽我所能做出让更多读者认可的"翻译"。我的师父芝山努*先生也创作了很多这样的作品。

应当尊重原作到什么程度，这一直是个难题。特别是现在，借助影像技术，什么样的画面都可以表现出来，所以有原作粉丝要求动画必须与原作一模一样。可是，小说没有画面，漫画没有动作、颜色和声音。每个人的阅读速度也不一样，"按照原作"的定义本就暧昧不清。

我只能按照自己的"解读"、立足当下进行创作。话虽如此，我也不会随便改编，而是希望自己做出来的东西，能让现在的观众领略到在原作创作的时代读者的阅读感受。不过，这也有个同样的问题，读者的解读各不相同，随着时代变迁也发生了变化。

——时代不同，解读确实差别很大呢。现代重新改编莎士比亚的趣味也正在于此吧。

---

* 芝山努（1941— ），日本动画导演，亚细亚堂创始人之一。

汤浅：莎士比亚用 16 世纪的价值观进行写作，如果演绎得和当时一样，我不认为现在的读者或观众会和当时的人们有一样的感受。在不同时代看到同样作品时的具体感受很重要，同时我也想重视作者在他的时代想要传递的创作意图，以及当时观看的人们是如何理解其意图的。

《恶魔人：哭泣之子》也是有原作的作品。我在这一部中也重现了自己的解读，猜想着如果永井豪*老师在这个时代发表作品的话，就会是这样的吧。

---

*　永井豪（1945— ），日本漫画家，代表作有《破廉耻学园》《恶魔人》《魔神 Z》等。

#5

> 我的
> 心头好

想改编成动画的小说

《多么疯狂的宇宙》
（弗雷德里克·布朗）

1949 年出版的长篇科幻小说，原书名 What Mad Universe。充满科幻式的奇思妙想，多元宇宙题材的经典名作，和同样由布朗创作的《火星人，回家吧》比肩。

《飘》
（玛格丽特·米切尔）

1936 年出版，美国作家玛格丽特·米切尔的出道作，也是她唯一一部长篇小说。出版第二年获得普利策文学奖，被翻译成多种语言在全世界畅销。

《汤姆的午夜花园》
（菲莉帕·皮尔斯）

1958 年出版的英国儿童文学作品。同年获得卡内基文学奖。以"时间"为主题的幻想小说，被多次影视化，BBC 曾三度将其改编成电视剧或电影。

我从小学开始读科幻，创作《猎犬号宇宙飞船》等作品的 A. E. 范·沃格特是我喜欢的作家之一。同样喜欢的还有弗雷德里克·布朗。朋友向我推荐他的作品。读了之后我觉得故事既幽默又有逻辑，非常有趣。《多么疯狂的宇宙》是以平行世界为背景的科幻冒险小说，我读得心潮澎湃，那时甚至想把它改编成漫画！

《汤姆的午夜花园》是英国作家菲莉帕·皮尔斯创作的儿童文学作品。每当时钟在午夜一点敲响，后院就会变成完全不同的世界。或许它对《哆啦 A 梦》等作品也产生了影响吧。男孩汤姆在变成另一个世界的后院里遇到一个陌生的女孩，

080

他们一起玩耍。故事的结局十分感人，在结冰的泰晤士河上滑冰的情节令我印象深刻。它已经被影像化了吗？我不太清楚呢。如果要影视化，就让我来吧！我大概有这么喜欢（笑）。

　　第三部是改编电影很有名的《飘》。我没有读过原作，但是NHK的节目《100分的名作》介绍过这部作品，听了解说后我产生了兴趣。我看过电影版，第一次看的时候，我想"这爱情故事也太残酷了吧"。我的第一印象来自电影海报，男人抱着女人，宣传语写着类似"史诗级浪漫爱情"这样的话，看了之后才知道"根本不是这样"。也许因为我是男人，觉得主角在恋爱这件事上非常自我，被她耍的包括瑞德·巴特勒在内的一群男人真可怜。可是改变视角，就会发现这部电影讲述的是女性为了活下去而工作，为了活着连男人也能利用，能够感受到不同的乐趣。而且主角和情敌之间的友情也很有魅力。看NHK的节目时我才意识到，原来不能把这部作品看成是男女间的爱情故事啊。意识到这一点后我马上想做点什么（笑），如果一开始就以这种视角重新讲述，对没有发现这点的观众来说，肯定很有趣吧，这样的主题也符合当下的时代。

说不定已经存在另一部

《乒乓 THE ANIMATION》

《乒乓 THE ANIMATION》

2015年获得东京动画奖电视动画大奖。讲述了五个沉迷乒乓球的高中生的青春故事。从小一起长大的阿扁和笑爷加入了高中的乒乓球部，崭露头角的他们眼前杀出个中国留学生。

制作年份：2014　原作：松本大洋　导演：汤浅政明　角色设计：伊东伸高　音乐：牛尾宪辅　动画制作：龙之子工作室　配音：片山福十郎、内山昂辉、咲野俊介、木村昴、文晔星、野泽雅子 等

——您的下一部作品是以松本大洋老师的漫画《乒乓》为原作的《乒乓 THE ANIMATION》（2014）。这部作品和汤浅先生很是适配呢，展现来回快速抽杀的球技，发挥动作的魅力，很有汤浅先生的风格。

汤浅： 松本老师刚开始受到关注的时候，我就觉得他的画和我的好像啊。虽然只是我个人的感受，但是看到画风相仿的人受欢迎，我也很高兴（笑）。

不过说到《乒乓》，他的水平更上了一个台阶，作品的完成度也非常高。我甚至怀疑，这种作品还有必要特意改编成动画吗？要说的话，有破绽的作品更容易改编成动画。

——《乒乓》在被您改编成动画前，2002 年曾被曾利文彦导演改编成了真人电影。

汤浅： 真人版的选角很合适，音乐也很棒。虽然很有趣，但是和我的解读还是有不同的地方。因为是真人电影嘛，还是要发挥写实的优势才好，要是完全按照漫画的话肯定会失败。

——真人版和动画版的角色看上去都不像高中生，动画版的给人感觉更大胆，特别是那个光头小哥（笑）。

汤浅：是的，这是为了搞笑（笑）。他每次亮相都让人不禁发问："这是高中生？！"原作中也有这样的情节，配音时也让配音演员忘掉他是高中生。

——我最喜欢那个输掉比赛后独自旅行，之后确信自己仍然爱着乒乓球的小哥。这样的配角能让作品变得有层次。而且也能让观看动画系列的观众抱有期待。

汤浅：江上这个人物形象是在动画系列里变得饱满起来的。原作中他只在某次比赛时出现过一次，说了句"去看海吧"就离场了。但因为他输得太惨烈了，我在这段故事的最后加上了他去看海的镜头。加上这个镜头之后，我又开始在意他后来过得怎么样呢，就又让他出场了。结果慢慢地他都快变成常驻角色了，最后一话也有登场。

在所有角色中，我觉得他最接近我们普通人。比如，有些曾经组过乐队的人，在成为大人之后曾一度放弃又重新开始，发现"我确实喜欢音乐啊"之类的。江上替他们传达了这份心情。把喜欢的事情做到极致，虽然无法以此为生，但是因为喜欢，作为兴趣坚持下去也不错吧。

原作越好，就越想加入和原作不同的元素

——无论是电影还是动画，受到好评的作品大多拥有优秀的配角。没有忽视对配角的塑造。我认为《乒乓》也是这样。

汤浅： 比起忽视对配角的塑造，我经常被人说，在配角身上耗费了太多笔墨，反倒把主角撇在了一边（笑）。做《乒乓》的时候也是，我一开始就发誓：让阿扁和笑爷最突出！绝对不要忘记这一点！不过，从我们刚才的对话来看，我可能没能信守誓言呢。

——毕竟还有一个我中意的角色，是那个光头风间龙一啊（笑）。

汤浅： 这我真要百口莫辩啦（笑）！不过，是这样没错，果然大家的目光就是会被阿扁那队的主将啦，风间龙一等人吸引吧。

虽然漫画里没有龙一有女友这一设定，但是松本老师说他其实有考虑过，于是就在动画里加上了。没有必要做得和原作漫画一样，说不定已经存在另一部《乒乓》，这样也不错。

其他有原作的作品也是这样，原作越好，我就越想故意在某处加入不一样的元素，表现和原作不一样的内容。

大胆的透视和被"省略"的背景

——这部作品透视的画法独特又有趣呢，让我想起《蜡笔小新》。

汤浅：松本老师的漫画本身就是这样。

刚开始做动画师的时候我不信任透视法，很少用它。学生时期画图的时候用过透视法，只画出了奇形怪状的东西，所以我曾在心里否定过它。

现在我理解了，透视法可以让我以自己的感觉调整画面，只要把灭点*放在合适的地方，形状就不会变得奇怪，但是学生时期信奉精神至上的我从未想到这一点。对于如何运用透视法，我也有新的领悟。有些地方是一定要按透视规则来的，有些地方则可以撒个小谎，也不会被人看出破绽。总而言之，最初对画面的想象很重要。我发现把透视法作为辅助就能画得很好，当然，最理想的是一开始想象的画面就是符合透视规则的。

做《蜡笔小新》的时候，我曾经遇到过无法让角色融入背景的情况，无论重画多少次都解决不了，

---

* 画作中，真实世界的所有平行线都会消失在同一点，即便没有相交，它们的延长线肯定也会消失在同一点。又称消失点。

结果一用透视法问题就迎刃而解了。我觉得自己画的背景设定有些奇怪,才发现没有画视平线*和地平线。直到二十七岁,我才意识到透视不可或缺。

我画透视的方法有些特别,不是以毫米为单位思考,而是大胆发挥。我觉得这样做,不仅自己轻松,观众也能更容易理解空间感。宫崎骏导演曾经说过"十秒才能走到的地方,在动画里也可以只用三秒就走到",读到这句话,我觉得这种省略也是可以接受的吧。

——说到省略,您省略了不少背景呢,作品整体的线条感很强,给人留下了颜色偏白的深刻印象。我想,这种做法在动画中很少见吧。

汤浅: 原作中也有这样的表现手法,角色专心比赛时,四周会变成白茫茫一片。学生时期的我也是这样,周围的一切都没有进入我的视野,所以我感受不到"颜色"。长大成人之后我才意识到夜景

---

* 与作画者眼睛平行的水平线。

真美（笑）。从这个角度来说，《乒乓》和我学生时代的心境有相通之处。

阿扁等角色被没有上色的混凝土墙壁、深色的柏油路和白色的天空包围，一心沉浸在乒乓球的世界中。他们眼中的"颜色"可能只有乒乓球拍胶皮的红色和乒乓球台的蓝色吧。最后，只有离开乒乓球的人，眼中的世界才会变得五彩缤纷。

——这就是漫画和动画才能表现的内容吧，真人电影很难做到。

汤浅： 确实因为是动画才能有这样的表现方式，但是为了实现它，在制作的时候需要给到足够细节的指示。动画制作有完整的体系，写实风的常规背景制作起来还轻松一点。分清画什么不画什么，有时反而要耗费很多时间精力。但作者已经在原作漫画中有意识地表现了这一点，所以我们也必须这么做。如果漫画的完成度很高，我会想在动画上尽可能增添技巧，拓宽制作的方法。

即便没有脚本，分镜稿也可以成为蓝图

——这部作品在动画制作时没有脚本，和原作漫画的极高完成度有关系吗？

汤浅：某种程度上说有关系吧。这种完成度高的作品，我希望尽量保留原作画面的感觉，只在必要时添加动画需要的内容，稍微做些调整。漫画的格子有着不同的形状与大小，所以必要的工序是，对它们细致地进行翻译。可是我没法给出那么细的指示。如果在原作和动画之间还隔着脚本，转换出来的画面肯定会面目全非。所以我想，去掉这个中间环节，由我自己来细致地判断，或许能让工作进展得更顺利。

我曾经为漫画改编的脚本绘制分镜，那时我得到导演的许可，不看脚本，直接看着原作绘制了分镜。万一脱离导演的意图会让事情变得棘手，但是当时并没有造成问题。我想原因和我之前说的一样。

在我过去的印象里，应该没有完全按照脚本制作动画的导演吧。因为分镜稿就像蓝图,很少有导演会把脚本用心做到成品的程度。不过其他人在画分镜的时候,还是有必要通过脚本确认好导演的意图再花心思动笔。

宫崎骏导演制作《未来少年柯南》(1978)等作品时,不也是以自己画的分镜为底本,从脚本跳脱了出去吗?还有自己写脚本的导演也一样,我经常听说有人到了画分镜的环节做大幅修改的。事实上,将文字变成画,再将能画出来的画面有效地组合在一起,就会出现无法与脚本保持一致的情况。毕竟有些内容仅靠画面就能传达,不需要再用到语言。即使做出了很大改动,脚本也不会署上自己的名字,这在日本动画界是约定俗成的。大多数编剧也理解自己的作品会被改动。

但是最近,好莱坞式的由制作人和编剧主导,或是由团队主导的工作方式越来越普遍,我们的这种工作方式可能也要变成过去时了吧。当然,应该也一直有不愿意自己的脚本被修改的编剧吧。

有朝一日想做成动画的《花男》
已经有了构想!

——松本老师的其他作品,有您想要改编成动画的吗?

汤浅: 要是能成真,无论哪一部我都愿意。我非常喜欢松本老师初期的作品《花男》。虽然是个憧憬长嶋茂雄[*]的无能大叔的故事,但是最后出现了他闪光的瞬间,这部分太棒了。性格别扭的孩子口中说着故作老成的台词,这我也十分喜欢。甚至还有类似《乒乓》里的婆婆那样的冷硬派角色登场。这部作品在画面上有未完成的地方,给我留下了能放心大胆继续创作的空间。

我曾经多次提出企划案,但是无能大叔这个角色给读者的印象太模糊,因为这个问题,至今没能得到同意。最近我听说哪里开始有动作了,可能会

---

* 长嶋茂雄(1936—),日本职业棒球选手、教练。

被其他人影视化吧。不过长远来看我不会放弃，而且也已经有了构想。不知道是不是因为故事发生在江之岛，原作漫画有的格子里出现了与故事无关的奇怪生物，我觉得重现它们会很有意思。至于长嶋茂雄的部分，我计划使用他本人的视频，片头曲和片尾曲则用奥田民生*的《儿子》和《为了爱》。真是太完美了（笑）。

---

* 奥田民生（1965—），日本创作歌手、制作人。

我第一次看冰壶的时候，心想这很容易做成动画，那会很有意思吧。近年来这项运动的知名度越来越高。和拍摄打台球一样，视角以俯视为主，非常好理解，所以我觉得很适合做成电视动画系列。

我也想过把垒球做成动画，应该也会很有趣。女子垒球的运动服是短裤，然后也会搭配背心吧？头盔也是双耳头盔。如果是棒球服，选手的身材要是不像职业棒球运动员那么好，看起来就会土里土气的。但是垒球的运动服和头盔可以有很多颜色，无论穿戴在什么样的身材上，都能画出不错的画面。

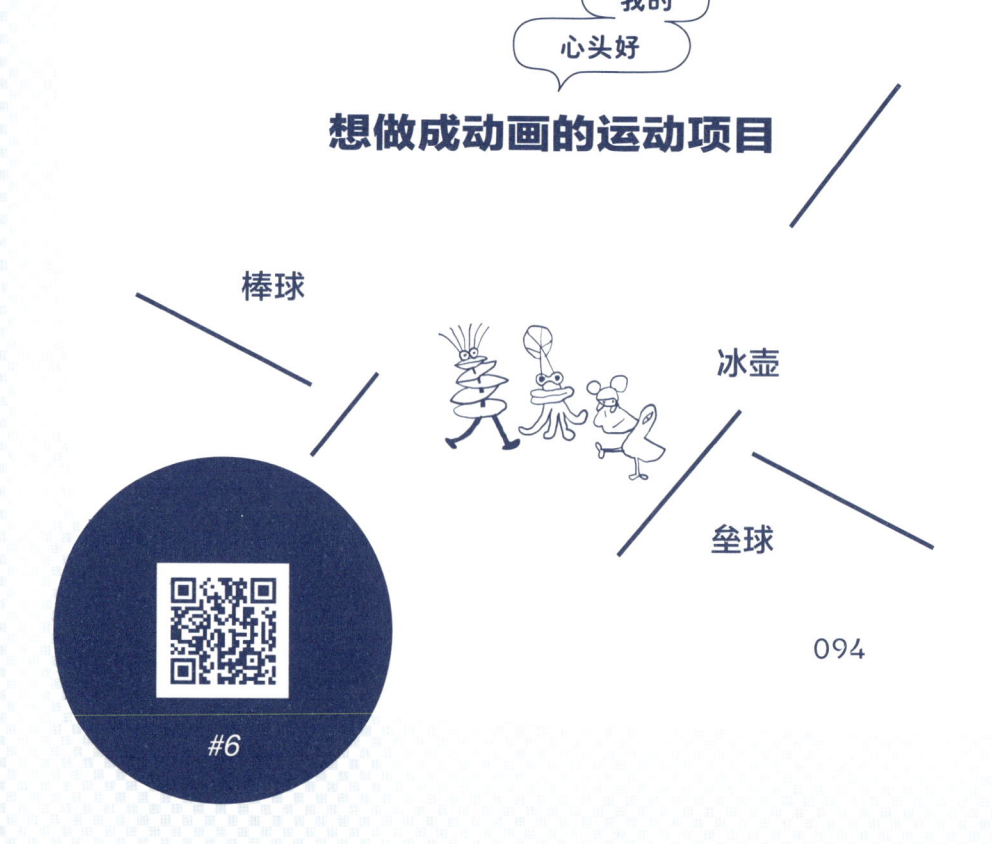

> 我的
> 心头好

想做成动画的运动项目

棒球

冰壶

垒球

#6

近年来备受关注的运动还有滑雪，我很好奇在滑雪板上移动身体重心的感觉，那是像平时跑步或走路绝对无法呈现的姿势。要是用动画表现这样的动作会很有趣吧。

　　举了这么多例子，事实上棒球才是在所有运动项目中，我第一个喜欢上的。上小学的时候我曾画过棒球漫画，是看了《阿斯特罗球团》这部棒球漫画才迷上了棒球。被称为"盲眼贵公子"的选手衔着玫瑰、站在击球区，靠心中的眼睛挥棒击球。为了投出变化球，他让手被钻头磨得凹凸不平，这根本不可能嘛。虽然是个荒诞无稽、胡编乱造的棒球漫画，但是我喜欢（笑）。我也喜欢稳扎稳打又幽默的 *Play Ball* 和 *Captain*，也读过水岛新司的《大饭桶》。主角殿马自创绝招"秘打！G弦上的咏叹调""秘打！天鹅湖"，放着音乐边跳舞边击球，虽然离谱了点但是很有趣（笑）。

　　不过，如果真的要做动画，我会考虑以水岛老师的《棒球狂之诗》的配角为题材，创作把棒球选手之外的人作为主角的故事。我最喜欢的是"我要收购 Mets！"这篇中，当了一天老板的大叔的故事。这个常在外野*说风凉话的大叔打算买下球队，但是金额太高，吓得他不得不放弃。可是因为他的热情，他得到当一天老板的机会，可以对选手和工作人员下命令。他的命令惊人地正确，让处于低迷的球队得以挽回劣势。真的是个很棒的故事哦。当时我也喜欢女性投手水原勇气的故事，但是这个大叔的故事最令我念念不忘。我甚至在想，没有水原勇气的《棒球狂之诗》，是不是也可以试试？

---

* 棒球术语。棒球球场呈扇状，分成内野和外野。以本垒为起点，内野由本垒、一垒、二垒、三垒形成菱形，后方的界内区则是外野。

有了《四叠半神话大系》，才有

《春宵苦短，少女前进吧！》

《春宵苦短，少女前进吧！》
与《四叠半神话大系》的制作团队再次合作的动画电影。前辈过着无聊的大学生活，为了让暗恋的后辈"黑发少女"对他感兴趣，决心执行"尽量吸引她的目光作战"，简称"尽她目作战"。

上映年份：2017　原作：森见登美彦　导演：汤浅政明　脚本：上田诚　角色原案：中村佑介　角色设计、总作画导演：伊东伸高　动画制作：Science SARU　配音：星野源、花泽香菜、神谷浩史、秋山龙次、中井和哉、甲斐田裕子 等

——在您为我们介绍《春宵苦短，少女前进吧！》之前，我想先问问汤浅先生关于2013年成立动画工作室Science SARU的事情。您的工作室使用Flash制作动画，这是什么样的动画技术呢？

汤浅： 简单来说，就是剪纸动画的感觉吧。比如画眼睛的时候，先画好眼睛的基本轮廓，制作时调整它的形状。再画好瞳孔，放到眼睛的轮廓里面，调整它的大小和形状，让整体看上去符合透视规则，再让瞳孔关联着眼睛的轮廓一起动起来。睫毛也另外和它们联动，如果高光也要动的话，就再和其他的连接在一起。我们将分散的、各种各样的部分组合在一起，让它们彼此联动，调整形状，这样一幅画面就看似动了起来。

制作过程很费时费力，越是复杂精细的描写，越需要精练的技术，Flash能自动完成中间画[*]，这是

---

[*] 又称中割，是动画中的工序之一，补全两张原画之间的画面，让画面呈现自然的动态。——原书注

它的优势。如果做不好，会有很强的数码感；但是能通过调整，让它变得十分自然。画出一条线，可以将它无限放大或缩小*。要是想把图案打印在能挂于高楼的巨幅幕布上，说不定也能把它放大后直接作为素材使用。我遇到了一群擅长使用这种技术的人，所以想成立以 Flash 为专长的工作室。

我觉得有必要创立制作公司，因为就算企划在推进，大工作室也没法马上着手，要讲究先来后到，或是让容易通过的企划优先进行。我作为个人创作者碰过许多次壁，所以我们想试着自己开工作室。

用 Flash（现在的 Adobe Animate）的动画师可以独立完成从作画到动画，乃至上色的工作，只要再加上背景，就能独自做出一部影片了。

---

* 指矢量图像。

瞄准电影版筹备的
《春宵苦短，少女前进吧！》

——您第一次使用 Flash 是在《探险活宝》的"神奇食物链"（2014）这一话吧（具体参考本书第 186 页），您也因此获得了安妮奖电视动画部门最佳导演奖的提名。而《春宵苦短，少女前进吧！》是您第一次操刀长篇院线电影，原作作者是《四叠半神话大系》的作者森见登美彦，这两部作品里有好几个重合的角色呢。同样是改编自森见先生的作品，我认为这部明显更有趣。

汤浅：真是不错。事实上，通篇由 Flash 制作的《宣告黎明的露之歌》完成得更早。

《春宵苦短，少女前进吧！》这个企划决定得很突然，所以制作周期非常紧张。话说，我以前在 MADHOUSE 做《四叠半神话大系》的时候，有听人说过《春宵苦短》可能也要改编成动画哦。确实，当时森见先生的作品里，这部最有名，人气也很高，

所以有拿《四叠半》试水的意思。当时我做《四叠半》的时候也确实在盘算着做《春宵苦短》呢。

森见先生早期创作的大学生三部曲,第一部给我一种黏稠、闷热的感觉,从第二部到第三部,风格却渐渐变得活泼又轻快。动画版《四叠半》之所以比原作更活泼,是想为更加活泼的《春宵苦短》做铺垫。

其实做完《四叠半》之后,我就和上田先生着手准备电影版《春宵苦短》了。本来打算让其他人导演的,但是始终没有下文。我们四处寻找合适的人选,最后还是回到了我这里。我心想这就是天意了吧,制作时有种一气呵成的感觉。正是因为曾经为电影版做过准备,打好了基础,才能在紧张的制作周期里完成这部作品。为了赶进度,我甚至自己去催脚本和角色原案交稿。毕竟是先有了《四叠半》才有的这份企划案,角色也有重合的,所以我希望尽可能让同样的工作人员用同样的画风进行制作。但是问题在于原作有四章,符合标题中于夜晚行走的章节只是其中之一。

——可是，动画里主角一直在走啊？

汤浅：是我让她走的（笑）。做成院线动画电影，如果按照原作分成四个短篇故事，观众对不同故事的满意度肯定有高低，像是"第一话很好，其他的不行"之类的。也是为了避免出现这种情况，用九十分钟讲一个故事肯定能让观众更满意。也就是将观众对四个故事的满意度叠加到一起。我们选择了最能让观众感受到乐趣的电影结构，最终让主角走了一整晚，把四个故事浓缩到了一个晚上。

改动太大，让原作作者瞠目结舌？！

——原作作者森见老师和他的粉丝们，对作品的评价如何？

汤浅：如我所料，褒贬不一呀。有人觉得"很大胆，改得好"，也有人认为整体的风格"不像森见老师的

作品"。连参加了试映会的森见老师本人也瞠目结舌。

——瞠目结舌?

汤浅: 是啊。虽说我把四个故事融合在了一起,但我自认为是按照森见老师的喜好去做的……森见老师做足了心理准备,怀着"好!无论怎样都要夸奖"的心态来参加试映会,最后却一句话也说不出来。我问他,怎么样?他只回答了"啊啊啊"。后来我听说,他说"自己的作品居然变成了这样,我被吓到了"。森见老师总是坦诚地表达自己的想法,是个有趣的人。我在乎喜欢原作的配音演员们的想法,当然也在乎原作作者的真实想法。不过一段时间之后,森见老师又告诉我:"看习惯了,这样也很棒。"

——是因为您将四个故事融合在了一起,所以才这么吃惊吗?对没有看过原作的我来说,倒是没有任何违和感呢。

汤浅: 我猜测,他可能想到了故事内容会发生变化,但没想到会变这么多,大概真的是远超他的想象了吧。作者亲自创作的作品，就如同自己的分身，他肯定对其有明确的想象，觉得就算改动也有个限度吧。对我来说，我的本意并非改变作品，只是为了改编成电影而做一些必要的解释和表达，果然我们的"理解"有所不同吧。

读过原作的人对电影的反馈也是各不相同。有人觉得电影完美还原了书的感觉，也有人觉得和书不一样，接受不了。我把整本书中发生在一年里的故事集中到九十分钟的电影里，或许有人觉得太过匆忙了吧。

还有那个下巴膨起来的樋口师父，小说后记里有人气漫画家羽海野千花[*]画的人物图，是个大帅哥哦。以及旧书市集之神，他在小说里是个美少年，但我把他改成了和《四叠半》的主角之一小津相似的喜欢恶作剧的小孩。此外，原作里上演的是复杂

---

[*] 羽海野千花（1966—），日本漫画家，代表作有《蜂蜜幸运草》《3月的狮子》等。

的舞台剧，我把它改成音乐剧了。我认为在影像传达方面，肯定是音乐剧更有优势；内容越简单，观众在观影时也越容易理解。

——这部分非常有趣呢。话说，影片里穿插出现的牛仔角色是动画原创的吧？我看到他就笑了，感觉是在戏仿《玩具总动员》的牛仔胡迪。

汤浅：《四叠半》的小说里有个叫乔尼的角色，但是没有对他的外貌描写。当我想象一个天真开朗的角色时，首先想到的就是奔放的牛仔，于是有了这样的设计。这个角色在《春宵苦短》的原作里可能没有这么多戏份，但是我觉得按照剧情发展，让他出现会很有趣。

我想塑造经典的牛仔形象，或许因此给人一种胡迪的感觉吧。我料想会有人觉得他们像，但并不是有意为之。

——迪士尼、皮克斯和性冲动之类的完全扯不上关系，我想太多，还以为是有意讽刺呢（笑）。

汤浅：哎呀，我完全没有这个意思啊（笑）。

从《春宵苦短，少女前进吧！》中体会到的新发现

——在制作《春宵苦短，少女前进吧！》时，您有什么新发现吗？

汤浅： 我之前一直遇到的情况是，自己认为的演出的问题和难点，在别人那里或许完全是不同的感觉。很多时候，我以为某部作品在别人眼中会是这样的，结果发现并非如此。《四叠半》几乎没有出现这种情况，所以我挑战这部作品时也有了些许信心。结果，虽然业内人士评价不错，但在原作粉丝和配音演员粉丝的眼中却是另一种样子。让我不禁担心自己和观众的距离是否又更远了些呢。

有关京都的描写也是，这次我也认真进行了调查，想重现京都的景色，可是仍然有人说"不对味儿""没画好"……我也不知道是怎么回事。

不过，有很多国外的观众表示："我的学生时代就是这个样子！"这让我很高兴。我自己的作品里，

这部应该也算评价比较高的。

——这么说的话，可能确实像理查德·林克莱特*的青春电影。都是傻大学生的故事（笑）。

汤浅：那时我明白了一件事，读过原作，或是看过其他相关作品的人会说"不看原作可不知道"，或者"没看过某部作品肯定不懂"，这样的声音我其实不必太过在意。我发现观众自己会思考，会在观看时填补空白。

---

* 理查德·林克莱特（Richard Linklater，1960—），美国电影导演、编剧，代表作有《爱在黎明破晓前》《爱在日落黄昏时》《爱在午夜降临前》等。

#7

> 我的心头好

"走路"戏给我留下深刻印象的作品

《血枪富士》

1955 年上映／日本　导演：内田吐梦
主演：片冈千惠藏、喜多川千鹤、田代百合子 等

《那年夏天，宁静的海》

1991 年上映／日本　导演：北野武
主演：真木藏人、大岛弘子、河原萨布 等

《三千里寻母记》

1976 年播出／日本　导演：高畑勋
配音：松尾佳子、二阶堂有希子、川久保洁 等

　　我本就喜欢描写旅行的电影和公路片，说到不使用车或飞机，只靠走路移动的作品……那就是内田吐梦的时代剧《血枪富士》。讲述了一名带着长枪的随从，陪同主人沿着东海道前往江户的故事。这名随从是个隐忍的好人，但看到主人遭受残酷的对待，最后怒气爆发。虽然那场打戏十分精彩，不过我喜欢的是此前旅途中的闲散氛围。有一幕是他们走在山丘上，一队人的剪影很漂亮。

　　还有一部，是北野武的电影中我最喜欢的——《那年夏天，宁静的海》。这部电影里到处都是走路的镜头。片中一对聋哑情侣抱着一块冲浪板一直走着。只是这样却十分打动人心。虽然电影拍摄的是日本的景色，但是镜头里除去了一切多余的东西，像是只有墙壁，或是一条延伸的路之类的。一般不会这么拍吧？这主意确实与众不同。说到北野武的电影，《凶暴的男人》（1989）里走路的场景也令我印象深刻。据说，拍摄的时候拍了很多走路的场景，剪辑时把它们穿插进影片中。用动画比喻，就像用于 V 编[*]的一道保险吧。电影中有戏仿警匪片的情节，一般的警匪片是警察跑着追捕犯人，这一部却是开着警车追，不仅迷了路还撞到了人。这样的调子我也很喜欢。

  第三部是高畑勋导演的《三千里寻母记》。主角马可踏上旅途，骑毛驴、坐火车、乘汽车，使用了各种各样的交通工具，最后以一段走路结束。令我印象深刻的就是这个走路的场景。很不可思议，这样平平无奇的一幕，该说是印象深刻，还是很有趣呢。不管是哪种，都一定归功于高畑导演的表现力。飞船起飞的一集（第十二话"飞船起飞的日子"）中，马可想做冰激凌出售，仅这一点就很有趣。另一话（第六话"马可领薪水的日子"）马可洗瓶子时，猴子梅蒂欧在他身边玩耍，也是仅这一点便很有趣。我想原因在于节奏安排得极其巧妙。这种感觉，只靠脚本绝对无法表现吧？高畑先生的作品里有很多类似的场景呢。

"Video 编辑"的略称，指正式播出前由工作人员、赞助商、电视台等进行审查后，在片尾加上演职员表的步骤。

有意面向儿童的

《宣告黎明的露之歌》

和音乐的重要性

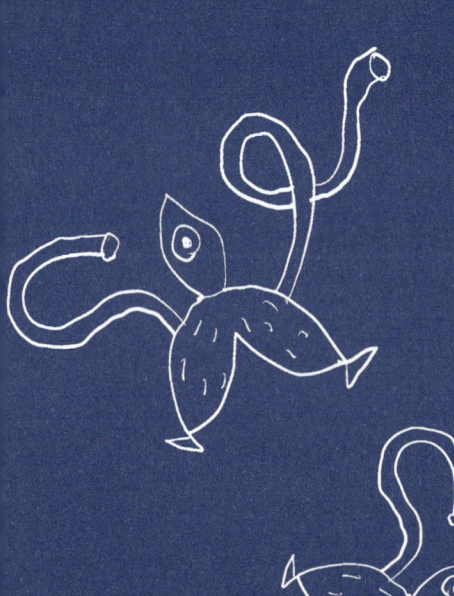

《宣告黎明的露之歌》时隔二十二年代表日本获得阿讷西国际动画电影节最佳动画长片（水晶奖）。男中学生凯的父母离婚后，他搬到渔港小镇，和父亲、祖父一起生活。人鱼少女露突然出现在他面前。

上映年份：2017 导演：汤浅政明 脚本：吉田玲子、汤浅政明 角色原案：Nemu Youko 角色设计、作画导演：伊东伸高 动画制作：Science SARU 配音：谷花音、下田翔太、篠原信一、寿美菜子、齐藤壮马 等

——接下来让我们聊聊《宣告黎明的露之歌》（2017）。这是一部院线电影作品，由汤浅先生和吉田玲子女士共同撰写原创脚本。

汤浅： 这个企划始于我想做一部能让更多孩子看的动画。制作试播片《吸血鬼才怪》（1999）时的想法和气氛，如果能用在院线电影里，应该挺有趣吧。

我和编剧吉田女士讨论着，想要做出让大家想去电影院看的可爱角色，于是将主角定为了人鱼。我们以为在日本没什么和人鱼相关的故事，但是有波妞（《崖上的波妞》，2008）啊，我忘得一干二净（笑）。因为忘了，所以故事也就朝着那种大众的方向发展。完成之后有人说"和《波妞》有些像"，我才意识到"啊，对呀"（笑）。说到宫崎骏的作品，我倒是有想到《熊猫家族：大雨马戏团》（1973），这部作品被视为《波妞》的前作，但是已经算是古典了。

推进企划的时候，我脑海中只有迪士尼的《小

美人鱼》(1989)之类的作品,所以有人提起《波妞》的时候我吃了一惊。

——嗯,歌里不是也唱了吗,波妞是"鱼的孩子"呢(笑)。

汤浅: 是啊(笑)。

还有,虽说这部作品设想的受众是儿童,但是"死亡"是其中的重要元素,作品中也出现了隔断各种东西的"障壁"。想用Flash动画尽情讲述这个故事,这是我开设工作室(Science SARU)最大的目的。因此,我想让它成为活用Flash的作品。我希望它的线条给人十分顺滑的感觉,简单却又动态感十足。

——确实动态感十足呢。再配上音乐。音乐应该很重要吧?

汤浅: 是的。在一个不知为何有些封闭的小镇,伴随轻快的音乐,人鱼来到这里,跳起欢快的舞蹈。大概是这样一个故事,我脑中想象着以前的卡通片,像是特克斯·艾弗里的风格,人物会无缘无故突然跟着节奏跳起舞。还有迪士尼的 *POP & ROCK*

ANIMATION，那些配合音乐的动画令人印象深刻，一直留在我的记忆里。

——这次使用的音乐是齐藤和义的《歌手的情歌》吧。

汤浅：平时说不出口的话交给歌曲来表达，最后说出"我爱你"。我很喜欢这样的结构，所以用了这首歌。故事的结构也是这样，看起来就像一开始就以这首歌为基础做的一样，我觉得也挺好的。

从歌曲的结构得到灵感的
《心理游戏》和《兽爪》

——汤浅先生不仅擅长使用歌曲的歌词，也擅长运用它们的结构。《心理游戏》就很好地运用了奥田民生的歌曲的结构吧。

汤浅：《心理游戏》最后有一个场景，由许多简短、片段式的画面构成，那是主角们对未来的想象，

有好的未来，也有不好的未来。这个灵感就来源于奥田民生的《儿子》。

这首歌的最后是父母对儿子说的话，用单词罗列出未来可能会经历的事情，告诉他"在你的成长过程中会发生各种各样的事哦"。单词构不成文章，却让我看到想表达的内容和情景。不会只有好事，也不会只有坏事，之后的人生也许会经历形形色色的事情。一个半小时的电影也无法完全展现的人生，被浓缩在"背叛""甜蜜""恋人""嘴唇"……这些罗列的单词中，令我十分感动和惊讶。

比如 NHK 的纪录片《影像的世纪》*的第一集，虽然只不过是被记录下的历史影像片段的集合，却莫名令人感动。也许，那样的感动也有可能存在于动画，或者《心理游戏》里。抱着这样的想法我进行了尝试。

---

* 为纪念第二次世界大战结束五十周年、电影诞生一百周年而制作，全部取材于历史影像，共十一集，首播于 1995 年 3 月 25 日至 1996 年 2 月 24 日。

奥田民生还有一首歌叫《棉花糖》，一直在唱和妻子有关的事情，歌名"棉花糖"迟迟没有出现。结果，最后的歌词却是"和棉花糖无关"。

　　这种"背叛"的结构很有趣，所以我在制作电视动画《兽爪》的时候借鉴了（笑）。每一话的标题都是"初次的味道""他人的不幸甜如蜜"之类的，一直用"味道"串联。这些标题也暗示着主角们和"食"相关的不祥命运，最后一话却以"和味道无关"为标题收场。这也表达了他们挣脱命运的强烈意愿。

　　《兽爪》中的角色之前一直受困于各种事情，但和《心理游戏》的结尾一样，他们在最后抛掉了所有，或者说是逃脱了。"解放"也是我个人的主题。

　　——从歌曲中借鉴结构，真是个有趣的想法呢。

　　汤浅：我认为打动过我的东西，无论是什么，只要改变形态都能做成动画，所以我从各种事物中得到过许多灵感。如果觉得一首歌不错，可以把它直接用在作品里，可是我的话也可能会借鉴它打动我的结构。这种程度的抄袭会被原谅吧（笑）。

——这次不仅有音乐，还有舞蹈呢。

汤浅：要表现现实中的舞蹈很难，但是像这部作品这样有些夸张风格的舞蹈的话，是可以做到的。有舞蹈有音乐，简单又欢快的动画，我想这可以把高昂的舞动激情传达给观众们吧。

和《崖上的波妞》《你的名字。》相通的"偶然的一致"

——我又要提配角了，露那个体形巨大的爸爸实在太可爱啦。

汤浅：在做爸爸这个角色设定的时候我们争执了挺久的。我们曾考虑让他说"别和人类扯上关系"这种台词，但又想把说话的角色限制在露等少数几个人。如果在海里也用人类的语言说话，整部作品就会变得像漫画了。

最后爸爸的形象固定下来，是一个基本不说人类语言的角色，深爱着孩子却有胡闹的一面，给人捉摸不透的感觉——或者说我们最终决定如此。像是《天才傻鹏》*里的爸爸的感觉。高畑勋负责演出的《熊猫家族》里的熊猫爸爸也是这种感觉。我喜欢这种看不出情感波动，表面胡闹但很有自己想法的角色。《波妞》里也有那种少言寡语的父亲角色呢。

话说，不仅是《波妞》，《你的名字。》里也有在小镇广播的场景，我心想"啊，一样呀"。《若能与你共乘海浪之上》最初的主视觉图是两人在水中相拥的画面，和《水形物语》（2017）的主视觉图也类似。这种偶然的一致确实会发生呢。

——这种事情确实很常见呀。是各种各样的组合和时代导致了这种共时性 † 吗？

汤浅：该怎么说呢……遇到这种情况，我希望自己的作品可以抢先上映，但是做不到呢（笑）。不

---

* 根据赤冢不二夫的搞笑漫画《天才傻鹏》改编的动画作品。
† 心理学家卡尔·荣格提出的概念，用于描述同时或巧合发生的非因果性事件。

过基本上，只要不是有意抄袭，我就不会修改，继续做！

——这个故事的最后，并不是一个直接的大团圆结局呢。

汤浅：曾经也有人这么建议过。但是我希望观众不仅限于孩子，也希望有更高年龄层的人来看，所以想着做成不过分圆满的结局比较好吧。做这部作品的时候，我尽可能地倾听大家的意见，可以说这就是结果吧。不过我也明白了，如果听取太多意见，工作就很难推进啦（笑）。

其实最开始写到结尾部分的时候，我想让故事有个圆满结局。可是《你的名字。》也是这样呀，我心想幸亏没有这么做（笑）。

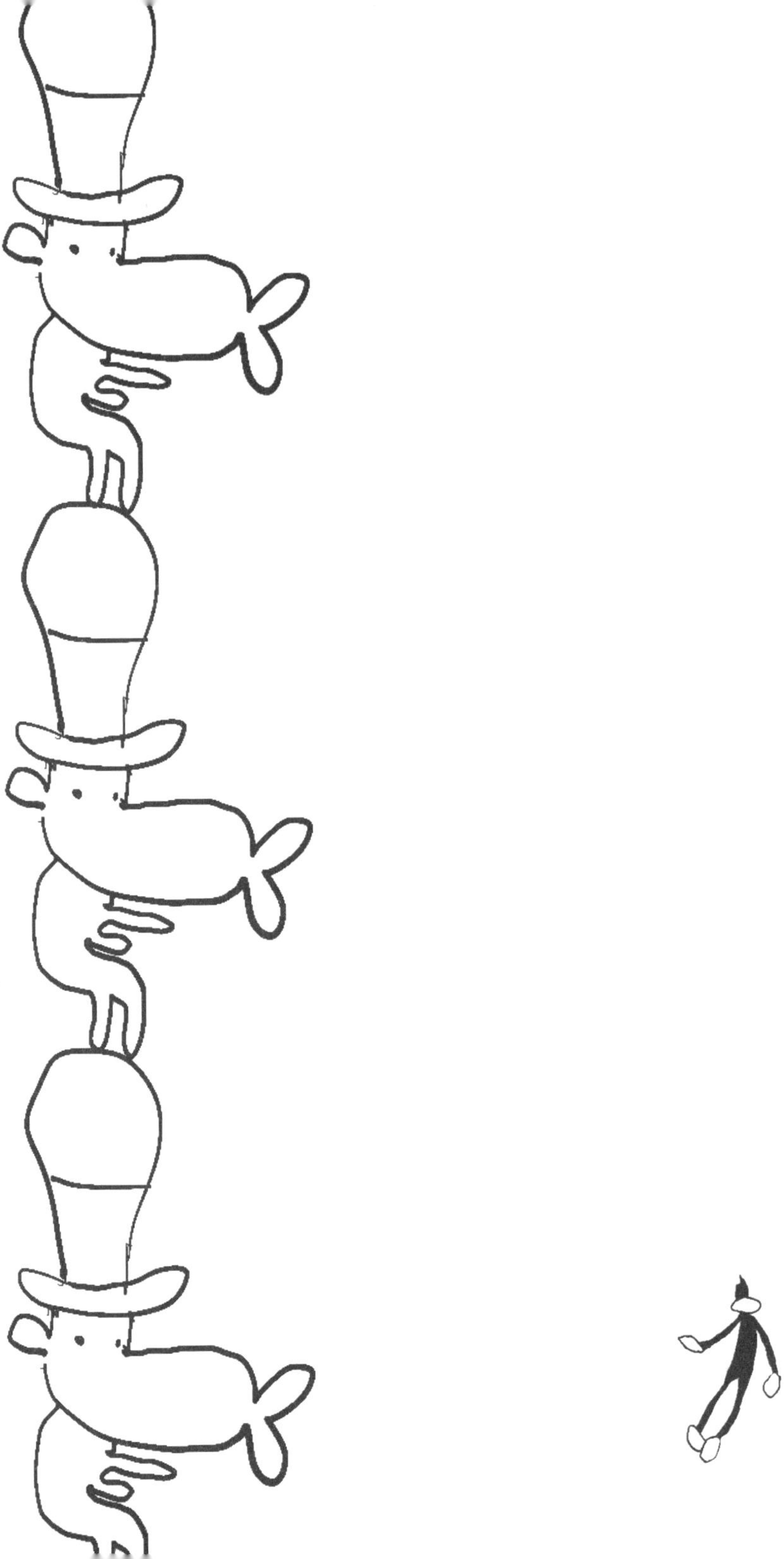

> 我的
> 心头好

帮助我推进工作的音乐

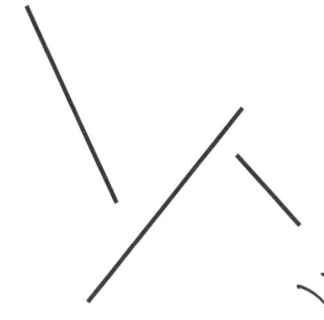

《魔幻神秘之旅》(*Magical Mystery Tour*)
(披头士)
　1967 年发行。英国摇滚乐队披头士主演的电视电影《魔幻神秘之旅》的原声带。

dig!
(杜尔费)
　1996 年发行。荷兰次中音萨克斯管演奏家汉斯·杜尔费的专辑。

《OK电脑》(*OK Computer*)
(电台司令)
　1997 年发行。英国摇滚乐队电台司令的第三张专辑,被视为 20 世纪 90 年代英国摇滚的金字塔。

工作时听的音乐很重要。它会影响我的工作状态，所以我会按照自己的情况进行选择。比如披头士乐队的《魔幻神秘之旅》，我思考《蜡笔小新》的设计灵感时经常听，感觉听迷幻风格的音乐会让我更容易有画面感。

#8

汉斯·杜尔费的专辑 dig! 常被用作足球节目的名场面集锦的配乐，我买了这张专辑来听。整张专辑洋溢着拉丁风格爵士乐热情的感觉。我也是在做《蜡笔小新》的时候听的，音乐的节奏让我画画的速度都变快了。

不过，我不会因为很忙就总听快节奏的音乐，我也听沉缓的音乐。比如我做《猫汤》的时候经常听电台司令《OK电脑》里的"Paranoid Android"。与作品风格相符、忧郁又沉缓的歌，做类似内容的作品时听再合适不过了。虽然如此，慢节奏的音乐并不会让我在赶重要的原画时变得消沉，当我想到"啊，为什么要干这么多活呢"，会立刻产生自暴自弃的能量，加快工作速度（笑）。

我以前为了提升工作状态经常听音乐，现在几乎不听了。因为思考故事时，音乐反而会打乱思绪。最近不放音乐，改放视频了呢。

首部 Netflix 作品

《恶魔人：
哭泣之子》

遇到的挑战

《恶魔人：哭泣之子》

为纪念永井豪执业五十周年、以《恶魔人》为原作制作的动画，由 Netflix 面向全世界同步播放。高中生不动明被童年玩伴飞鸟了邀请参加聚会，参加者一个接一个地变成恶魔，袭击人类。感到害怕的明突然与恶魔合体，变身为恶魔人。

制作年份：2018　原作：永井豪　导演：汤浅政明　脚本：大河内一楼　音乐：牛尾宪辅　角色设计：仓岛亚由美　动画制作：Science SARU　配音：内山昂辉、村濑步、潘惠美、小清水亚美、田中敦子、小山力也 等

——《恶魔人：哭泣之子》是汤浅先生制作的首部流媒体作品，在 Netflix 上播放，改编自永井豪老师创作的《恶魔人》，原作有很多狂热的粉丝呢。

汤浅：当时有一些候选的作品，最后选中的就是这部《恶魔人》。上高中时我看过永井老师的原作漫画，记得当时大受震撼，甚至可以说，它是给我带来了最大冲击的漫画。真没想到自己有机会把它改编成动画。

——原作有很多狂热粉丝的原因之一，就是"冲击力"吧。

汤浅：和小时候看的其他漫画、动画不同，这部作品感觉不是给儿童看的。虽然开头像是普通的英雄漫画，但是故事越发展越令人生疑。主角想保护的家人接连被残忍杀害，这种剧情不可能出现在面向儿童的漫画里呀。改编这么不得了的作品确实是个挑战，也越发让我想试试看了。

——汤浅先生选择作品，很多时候是看中"挑战"呢。

汤浅：比起"这部作品这样做就行",这种事先有把握的企划,我更倾向于选择"不清楚怎么做最好",或是"不知道自己会怎么做"的作品,最终就变成"挑战"啦(笑)。

做《恶魔人》的一大挑战是如何翻新。原作漫画发表于 1972 年,至今已有五十多年了。永井老师的漫画在那时也很特别,有些部分有着不可思议的平衡感。我费了很多心思,将它改编为放到 21 世纪也不会有违和感的动画。从这个意义上来说,它也算是"改编得不错"吧?

——原作的主角是穿着校服的不良少年,但是动画里修改了他的形象,还加上了说唱音乐。

汤浅：要是把他穿着破破烂烂的校服、挥舞锁链的样子原模原样呈现在动画里,会很搞笑吧?永井老师也说过,毕竟是一个极端的故事,画得太普通观众是不会轻易接受的。一边多少掺入一些搞笑的内容,一边展现广阔的世界观,同时也要让人觉得"发生这样的事情也不是没可能",在创作时要把握这样的平衡。可能不准确，但我记得他说过类似的话。

——永井老师也在不断试错呢。

汤浅：主角之一的美树在原作里是说着江户方言、随时会大打出手的少女，甚至会掏出锯子，是很有永井老师风格的女性角色，但是现在没有这样的女高中生了。

——像《破廉耻学园》中的角色？

汤浅：更像《亚马尻一家》*吧。永井老师的角色在他的漫画世界里非常自然又充满活力，所以很有魅力。代表角色就是美树和不良少年老大（木刀政）。但是如果把这些角色原样放进动画，我觉得会变得格格不入吧。过去改编成影像时也会根据时代进行调整，但是改编之后太普通了，是否反而产生了违和感呢？所以我尽可能保留了夸张且有少年感的感觉。

---

* 《破廉耻学园》与《亚马尻一家》均为永井豪的漫画作品。

——刚上线时腐女要素引发热议了呢。您是故意的吗？

汤浅：我没有过"希望腐女们也能喜欢"这种想法，但是 Aniplex* 的制作人提议过，也有人建议做成双男主搭档片。比如明和了这两个童年玩伴重逢的场景，本来是两个人拥抱，负责原画的人画成了明飞入了的怀中，了抱着明转了一圈。我纠结了一个月"这样到底行不行啊"（笑）。

——完全没问题呀！（笑）

汤浅：我认为如何处理这一幕，将会定调我们制作方的意图，结果的确变成了有越界的感觉呢。我同意这么做的时候，应该也有意识到腐女这批受众吧（笑）。

这么说来，《犬王》可能也有类似的地方。又是双男主搭档，还动不动就光着身子，露出六块腹

---

* 日本动画公司，从事动画制作、发行、宣传等，作品有《夏目友人帐》《黑执事》《四月是你的谎言》《邻座的怪同学》等，也是《恶魔人：哭泣之子》的制作公司之一。

肌，有紧绷绷的裤子。我本意是想塑造出以前的摇滚乐手形象，但也不是不能用腐女的眼光来看（笑）。

——汤浅先生，这些真的没问题啦！（笑）《犬王》融合了摇滚乐，这部作品用的则是说唱呢。

汤浅： 有部歌舞片电影，我忘了名字是什么，它的衔接非常自然：一个阿姨坐在木桩上，自言自语说着好累啊，口中的抱怨渐渐变成了歌曲。我心想，对啊，这样就不用考虑什么时候该说"我要开始唱了"。再加上是说唱，说话时加点节奏就能变成音乐了，唱起来也不会有违和感。讲述自己的想法和现状，口吐不满、一边撑一边唱歌，这都是说唱歌手常见的姿态，可以替代原作里的混混团体。

以过去的欧洲为背景的动画里，常有吟游诗人在广场上一边弹琴一边讲故事，作为说书人点明剧情发展。在这部作品里，我想着说唱歌手代替了吟游诗人的角色，应该可以自然地起到解说作用吧。

而且我看过《SR 埼玉说唱歌手》*（2009），就觉得说唱在日本也自然地有了根基。

以自己的方式坚守对原作的敬意

——有评价说，动画里的台词也很棒，戳中了原作粉丝在意的点呢。

汤浅：我也是原作粉丝，所以我明白哪些台词不可或缺。当然也有"居然删了呀""那句台词被改了"之类的差评，还有粉丝生气地说"为什么没有给不动明画鬓角"。

此外，也有很多原作粉丝希望把主角的恶魔风范和暴力性画得更加痛快且精彩，我也是粉丝，所以明白这种心情。但是考虑到这次的制作框架下现

---

* 入江悠执导的日本电影，描绘了一群梦想成为说唱歌手的年轻人郁闷度日的故事。

有工作人员擅长的方向，便没有走这个路线。不过，我确实想表现出恶魔人在战斗中感受到了快乐。

在这个过程中，我最为坚持的是对原作抱持敬意。我以自己的方式坚守住了这份尊重，我想这一点很多原作粉丝也感觉到了吧。

——过去改编《恶魔人》的动画作品总是没能做到最后的大结局呢。电视动画版（1972—1973）也是，还没有和恶魔族分出高下便结束了。

汤浅： 做到大结局，在动画作品里还是第一次吧。过去的OVA《恶魔人：诞生篇》（1987）、《恶魔人：妖鸟死丽濡篇》（1990）集结了优秀的动画师，留下了浓墨重彩的一笔，也有很多粉丝，但是没能把故事讲到最后。我听说是因为预算，不知道实际是如何。

这次我姑且算是画到了结局，永井老师也很高兴，说："做到结局真是太好了。"

——加上副标题"哭泣之子"是为什么？

汤浅： 我记得不那么清楚了。当时我们在讨论

用什么特征表现明这个角色，写脚本的大河内一楼先生提议"哭泣这个要素怎么样？"。于是，为了让这个特征和故事完美融合，明总是为了他人哭泣，了却不明白，他不理解什么是"悲伤"。可是最后明死的时候，他终于明白了眼泪的含义。我们当时应该是这么想的。到最后才明白，明为什么是个爱哭鬼，于是就有了"哭泣之子"。这个设定在原作里是没有的，把它放到副标题也是想突出本作的特点。

流媒体才有的观众反应

——这是您第一次和流媒体 Netflix 合作，感觉怎么样？

汤浅： Netflix 要求在上线前提交所有内容。如果是电视动画，我们能看到观众对已经播出的剧集的反应，可以中途改变作品方向，或是进行细微调整，做各种修改，但是一次性做完的话就没法这么做了。

可是，也因为作品已经全部提交了，上线的第一天，我得以和伙伴们聚在一起，边喝酒边庆祝。我以为有个五个小时左右就能看到观众的反应了，但是可能因为原作太有名，没想到有猛士早早就全部看完并开始发感想了。真不愧是 Netflix，让全世界的观众同时发出各种感想，这太有意思了。

有很多观众看了这部作品，也有很多不错的评价，但是那时在 Netflix 上不能直接看到数字，所以我也搞不清楚作品到底是成功了还是失败了。可是，这部作品后来得到了美国 Crunchyroll* 的奖，也有很大的反响，评价应该算不错吧。

虽然有几话的作画没做好，整体而言不能说很满意，但是永井老师的反馈很好，好评蜂拥而至，我觉得自己能改编《恶魔人》真是太好了。

---

* 美国流媒体网站，主要发行东亚媒体制作的电影、电视剧、动画和漫画等，日本动画协会 (AJA) 成员。

我的
心头好

非常喜欢的漫画家

高野文子

漫画家。1957 年 11 月 12 日出生于新潟。1979 年以《绝对安全剃刀》在商业杂志出道。发表了《鹿琪小姐》《一根棒》等作品，2003 年以《黄色的书》获得第七届手冢治虫文化奖漫画大奖。

大友克洋

漫画家、电影导演。1954 年 4 月 14 日出生于宫城。1973 年作为漫画家出道。主要作品有《童梦》《阿基拉》等。亲自担任动画电影《阿基拉》(1988)、《蒸汽男孩》(2004) 的导演。

松本大洋

漫画家。1967 年 10 月 25 日出生于东京。1987 年作为漫画家出道。代表作有《恶童》《乒乓》《No.5》《Sunny 星之子》等。他的许多作品被改编成真人电影和动画。他也负责了电影《犬王》的角色原案。

我非常喜欢高野文子老师。她的第一部短篇集《绝对安全剃刀》的每一篇都很棒，其中《田边鹤》一篇的画面令我惊讶。主角是患有老年痴呆的奶奶，她的形象竟是可爱的换装娃娃。明明其他画面都很真实，只有奶奶是用线条绘制的少女。这是为什么呢？看到最后就懂了。用这样的表现方式来呈现这个故事让我很吃惊。高野老师的《鹿琪小姐》《一根棒》都非常棒。柔顺的线条、自然的动作、脑海中闪过的想法都被精细

#9

地融进漫画之中。比如坐大巴时看着坐在前面的人的西装缝线，想象它们变成了砖块，被砌成墙壁。她以超凡的想象，将大家头脑深处的点子变成明晰且优雅的线条。她以日常为背景讲述这些故事，而且将这些日常中的情景剧或者说姿态描绘得惟妙惟肖。高野老师的作品在动画师之间很受欢迎，一大理由就是她画得好。

其实我曾想与高野老师合作，甚至还拜托她做过一些设计。可是企划没能通过，就没继续下去了。她是我希望有朝一日能合作的漫画家之一。

另一位是大友克洋先生。大友先生对学生时代的我们来说就是英雄，甚至可以说他引领着时代。他将看似普通写实的漫画变得越来越富有科幻感，还负责了动画《幻魔大战》的角色设计，从《童梦》到《阿基拉》，让人惊喜不断。在做了一些动画短片之后，自己担任导演将《阿基拉》改编成动画。从《阿基拉》开始，动画的写实表现向各个方向进化。大友先生就是这样开拓时代的人，他真的太厉害了。

接下来当然是松本大洋先生。他的画虽然也是写实的，但总透着诗意，台词也很帅气，灵活多变的取景角度，还有跳跃的逻辑都很有趣。他有各种各样的笔触，一直在改变和发展，这一点也很有趣。他是不断创作的巨匠。所以，请务必让我把《花男》改编成动画吧！（笑）

《若能与你共乘海浪之上》

想做成纯粹的爱情故事

《若能与你共乘海浪之上》获得第二十二届上海国际电影节金爵奖最佳动画片、锡切斯国际电影节最佳动画长片奖等。喜欢冲浪的大学生日菜子在一场火灾中和消防员港相识,两人坠入爱河。

上映年份:2019 导演:汤浅政明 脚本:吉田玲子 角色设计、总作画导演:小岛崇史 动画制作:Science SARU 配音:片寄凉太、川荣李奈、松本穗香、伊藤健太郎 等

——《若能与你共乘海浪之上》(2019)是由吉田玲子女士原创脚本的青春爱情故事,这也是继《宣告黎明的露之歌》之后您与吉田玲子女士的再次合作吧。

汤浅: 我们希望这部作品比《露之歌》更进一步,吸引更多观众。制作团队也是这样想的。"我们一起来做让年长一些的观众也想看的爱情电影吧!""好,明白了!"大概是这种感觉呢。

我感觉讲爱情故事的动画意外地少呢。也可能只是因为我没有看过,但是纯粹的爱情故事很少吧?

——可能确实是这样。

汤浅: 在这部作品里我想展现的主角,是一对眼中只有彼此、幸福得不得了的恋人。就像观看别人的婚礼影片一样,可以理解这种感觉吗?对结婚的人来说影片里都是最棒的回忆,但是旁人只会苦笑"真拿你们没办法啊"。

——这个例子,我太懂了(笑)。

汤浅: 说得过分一点,就是笨蛋恋人。他们正

沉浸在那种瞬间——"相信世界就是为彼此存在的"。我想描绘的是这样的恋人。不是电影里常出现的时尚情侣，而是随处可见的、非常普通的恋爱关系。

——两人是被"水"联系在一起的冲浪爱好者和消防员，女生是冲浪爱好者，男生是消防员。

汤浅：我们希望作品可以承接《露之歌》，如果将两人的共同点设定为"水"，就可以描绘水的各种变化。

选择冲浪，是因为对我而言这是一项最为遥远的运动，我又对它有兴趣，希望价值观和我相距最远的人也能被吸引来看这部电影（笑）。

选择"乘上海浪"，则是因为它常被作为人生的隐喻，也容易编故事。冲浪的女孩被卷进火灾，和消防员男孩相遇，这种像是爱情喜剧的设定我觉得挺不错。

这次脚本创作的过程非常顺利。做《露之歌》的时候，我决定要一边听取大家的意见一边进行创作，结果变来变去，花了很多时间，最后手忙脚乱，只能弄得跟耍杂技似的过五关斩六将。所以这次以我的想法为中心，一边和大家确认，一边创作。也可能因为这是第二次合作了，进行得很顺利，创作出了纯粹的爱情故事。

业内人士也说"汤浅先生创作出了个简单易懂的爱情故事"，评价不错。

——虽说简单易懂，但是把变成幽灵的男朋友放进水里随身携带，这描写有些超现实了。不过我很喜欢。

汤浅：虽然是要做成纯粹的爱情故事，但是也想加入一些出人意料的内容，因为做的毕竟是动画嘛（笑）。旁观的人可能会感觉有些恐怖，想问"这个人的精神还正常吗？"，但是对主角来说，能够一起出门真的很开心。这让主角看上去像个因极度悲伤而耽于妄想的人，也可以让作品看上去不只是爱情故事，我觉得很好，就加上了这段内容。我也纠结过是否要让男生的身姿被看见，但是觉得简单易懂一点，让他"嘭"的一下出现会更好。

想把自己在意或叹服的东西做成动画

——还有我注意到，动画里有很多食物，像是咖啡啦，汉堡之类的。蛋包饭看上去也很好吃。我好奇您是不是受了宫崎骏导演的影响呀？

汤浅： 我是个贪吃的人，本来就对食物感兴趣。

做原创电视动画《兽爪》的时候，我问原惠一*先生有没有建议，他说要用自己擅长的部分一决胜负，比如在作品里加入自己在意的东西、自己的兴趣等。现在我还在那么做呢。

这部作品里我加入了美食，还有咖啡。我一直喜欢做饭，对咖啡感兴趣但是不熟悉。咖啡店我也喜欢，就都加进去了。

所以，我并没有特别受到吉卜力的影响哦。食欲是人的欲望之一，每个人都可以追求，在作品里

---

* 原惠一（1959—），日本动画师、导演，代表作有《蜡笔小新：呼风唤雨！猛烈！大人帝国的反击》《河童之夏》《意外的幸运签》《百日红》等。

多多出现食物也不会有人抱怨。

——也就是说，看了电影，就可以知道那时的汤浅先生热衷什么啦？

汤浅： 可能吧（笑）。

小时候我会在周末做饭，经常把前一天剩下的冷饭做成炒饭。可是我经常炒糊，总是做不好。长大之后看电视上的料理解说节目，得知用家里的灶火炒饭时，要先把中式炒锅烧热，不让锅变凉，这样就不会炒糊了。我按照这个方法试了一下，发现饭真的没有糊。我终于明白，小时候为了不炒糊饭用小火，反而会让饭糊了，这真是让我恍然大悟。

我这个人在知道了不了解的事情之后会非常开心，想着"原来如此，做饭是门学问啊！"，很兴奋。我尝试试验各种食材的切法、放入锅中的时机等，直到熟练掌握为止。甚至热衷于思考一口气做出好几种菜的先后顺序。我做过各种炒饭和中餐，这在作品里也有体现。《兽爪》里也有炒饭的场景哦。还

有，我下功夫练习过很多次蛋包饭，终于做出了和作品里一样浓厚松软的蛋包饭（笑）。

让我感觉到"哇"的新发现和让我发出"啊"的共鸣的东西，我都想做成动画（笑）。

——是这样啊！那么关于《若能与你共乘海浪之上》的反响，您是怎么想的呢？

汤浅：没能留下符合大家期待的成果呢，也感觉没能触及我们预期会来看的人群。原因应该有不少吧，但也都只是我的想象，实际上怎么样真的不知道啊。果然做不到《你的名字。》那样呢（笑）。

有时把解释权交给观众，不过多解释也不错

——《你的名字。》大受欢迎的原因之一是，对于两人的命运为何被红线系在一起，动画里并没有给出解释，有人很喜欢这种不解释。我属于想要知

道缘由的那一派，但是现在的年轻人觉得不做解释的话自己更能代入。您觉得呢？

汤浅： 我听说最近流行在作品里不多解释，不过说法不太一样。原惠一先生制作小新穿越到战国时代的剧场版动画《蜡笔小新：呼风唤雨！战国大合战》（2002）的时候，没有说明小新穿越的原因。那时一起工作的编剧说，现在这种方式更受欢迎。比如"9·11"事件[*]，或是日本大地震这类毫无预兆、无缘无故发生的才是"事件"，事无巨细地解释则是耍小聪明。听说最近的影视作品里尽是这样的剧情。

我感觉现在又有了新变化，这也是根据时期的不同或作品的倾向会产生的种种差异吧。如果作品非常有魅力，让大众喜爱，是否就不用在乎细节了呢？如果作品做得足够好，是否没有解释也无所谓了呢？无论如何，我们创作者必须更多地思考这些

---

[*] 2001 年 9 月 11 日发生在美国的恐怖袭击事件。

事情呢。

——是这样吗？我看《你的名字。》的时候，还是挺介意没说清楚的地方的。吉卜力的作品，不是也有很多像那样缺少解释、让人在意的地方吗？

汤浅： 吉卜力的作品毕竟有品牌加持。我很尊敬宫崎骏导演，他是我心目中的英雄，不过我喜欢的大多是他早期的作品，比如《未来少年柯南》（1978）和《鲁邦三世：卡里奥斯特罗城》（1979）。但是对普通观众而言，只要是宫崎骏导演的作品，就会觉得有意思。这也是出于敬佩呢。到了这种程度，可谓无敌了（笑）。

——是呀（笑）。

汤浅： 还有，画面在其中也起到了很大的作用。做动画时，如果内容有挑战性但是画得不好，就很容易会被批评；如果画得好，就不会被批评得太过分。原因就在于画面的说服力吧。归根结底，电影和动画都是影像的娱乐啊。

我喜欢的克里斯托弗·诺兰[*]导演的电影里总有令人不禁发笑的剧情，但是几乎没人觉得有问题。这可能是因为他的画面太有气势，才让大家都沉默了吧。

---

* 克里斯托弗·诺兰（Christopher Nolan，1970—），英国导演、编剧、制片人，代表作有《盗梦空间》《星际穿越》《敦刻尔克》《奥本海默》等，曾获奥斯卡最佳导演奖。

> 我的
> 心头好

喜欢的爱情故事

《罗密欧与朱丽叶》
原片名：*Romeo and Juliet* ／1968 年上映／英意合拍
导演：佛朗哥·泽菲雷里
演员：奥利维娅·赫西、莱昂纳德·怀廷、麦克尔·约克 等

《罗密欧与朱丽叶》
原片名：*Romeo + Juliet* ／1996 年上映／美国
导演：巴兹·鲁赫曼
演员：莱昂纳多·迪卡普里奥、克莱尔·丹尼斯、约翰·雷吉扎莫 等

《蝙蝠侠归来》
原片名：*Batman Returns* ／1992 年上映／美国
导演：蒂姆·波顿
演员：迈克尔·基顿、丹尼·德维托、米歇尔·菲佛 等

说实话，我没有喜欢的爱情故事……或者说我看不习惯(笑)。但是我想克服这一点，所以做得尽量和我自己的趣味相近，就像《兽爪》……对了，上高中的时候我看了奥利维娅·赫西演的《罗密欧与朱丽叶》，有段时间一直在哼电影的主题曲呢！

　　这么说来，我也喜欢迪卡普里奥演的那一版《罗密欧与朱丽叶》。镜头一直对着迪卡普里奥，把他拍得很帅气，让我印象深刻，他的发型也一直很帅气啊。和以往不同，故事发生在墨西哥，还有很多夸张的设定和演出，这让我觉得，是不是干脆做成架空城市里的科幻片也可以？莎士比亚的古典戏剧甚至可以被改编到这种程度。

　　就是这些吧……蒂姆·波顿的《蝙蝠侠归来》我也很喜欢，如果它能算作爱情故事的话。毕竟，蝙蝠侠和猫女之间也是命中注定的爱情嘛。看《蝙蝠侠》第一部时候，我还不知道他想拍什么，但是到了第二部我终于懂了。吉尔莫·德尔·托罗的《地狱男爵》也是这样，第一部火了之后如果再拍第二部，就会更有导演个人的风格，拍得越来越好。

#10

再次改编多次被影视化的作品……

《日本沉没2020》

中想表现的内容

《日本沉没 2020》
以小松左京的科幻小说《日本沉没》为原作改编的动画，在 Netflix 向全世界播出。2020年东京奥运会结束之后，日本发生了一场大地震。上初三的步和家人们想尽办法要逃离东京，但是得知了"日本沉没"这一事实……

制作年份：2020　原作：小松左京　导演：汤浅政明
脚本：吉高寿男　音乐：牛尾宪辅　角色设计：和田直也
动画制作：Science SARU　配音：上田丽奈、村中知、佐佐木优子、寺杣昌纪、吉野裕行、森奈奈子 等

——小松左京和汤浅政明，真是出人意料的组合呀。

汤浅：我也这么觉得（笑）。首先这是我根本没有想过的企划，反而更有兴趣了。因为连我也无法想象会做出什么样的作品，所以想试试。这部作品有可能会吸引到和至今为止完全不同的观众，对工作室（Science SARU）而言也是全新的挑战，我想着会成为不错的经验吧。

不仅是原作，之前改编的电影不也都有大场面吗？要把这样的内容做成在流媒体上播放的剧集，和好莱坞的电视剧、电影放在同样的平台一起观看，而且还是把它改编成动画，我从没想象过。尽是无法想象的事情啊（笑）。

——汤浅先生，您很难拒绝这类企划呢（笑）。

汤浅：总是忍不住要挑战试试（笑）。

这个企划，起初他们考虑的是改编成真人电影，但是在某个阶段变成"改编成动画也不错"，就转到了我们这里。对方一开始就告诉我们不需要按

照原作进行,那时定下的关键内容只是要和奥运有关,强调家庭。对我们来说,与其做大场面,不如将焦点放在少数几个角色身上,这样才更现实,更容易拍出符合当下的作品。从这个角度来说,"菜"已经备好了。

——《日本沉没》之前有 1973 年森谷司郎导演的版本和 2006 年樋口真嗣导演的版本,已经两次被改编成真人电影,加上最近新拍的剧集,也有两个电视剧版本了,在日本真是家喻户晓的作品呢。

汤浅:我记得以前看过 1973 年版的电影,这次又看了一遍。2006 年版的电影则是第一次看。书的话我先看了斋藤隆夫画的漫画,据说它和原作最接近,所以一开始就看了漫画,之后才去读了原作小说和续作。

据说小松先生原本想写假设日本这个国家消失,日本人会如何的故事。但是他详细描述日本沉没的过程花了太多时间,只写完上半部书就结束了。下半部小松先生也是想自己写的,但是没能实现,最

终由其他作家延续着小松先生的想法创作了续作。

包括电视剧在内,原作曾多次被影像化。日本经历大地震后,我觉得要是还把故事的焦点放在天崩地裂的过程上没有任何意义。小松先生之所以想描写比地震严重得多的、足以让一个国家沉没的巨大灾害,是因为他想描写那时日本人的精神状态。

对此我也十分感兴趣,想展现当下的国民意识,以及"国民"是什么。所以在创作时,我考虑的是远离国家的核心人物,是那些得知日本即将沉没也不会立刻明白事态严重性的普通人,想象他们会对悄悄逼近的、天崩地裂的灾难做出什么样的反应。

——在由汤浅先生绘制封面插图的《押井守论所谓的日本人是指谁?!》一书中,押井先生也表达了自己的观点。他认为《日本沉没》中政界的幕后人物说的那句"什么都不做才是最好的",准确地表现了日本人的心理活动。

汤浅: 是的。我也津津有味地读了那本书。疫情中发生的很多事情，就是这种感觉。

——确实，笼罩着"什么都不做才是最好的"的氛围。

汤浅：但是，我一直都最讨厌"什么都不做，只等事态平息"。疫情中，很多人对政治方针都很有看法，其中保守、笼统且没有远见的意见占了上风，认为应该"乖乖等到疫情平稳"。相反，也有不发声，以自己的意志和责任默默行动的人。我既不想回应前者所谓的"乖乖等"，也不想看英雄活跃在政治场合的幻想故事。我想描述后者，所以完全改变了叙事方向。那时我考虑的是尽可能不做国家主义的帮凶。这方面耗费了我最多的脑力……话虽如此，疫情前这部作品就已经全部完成了。

主题是
"如何与身为日本人这一事实共处？"

——因为疫情，我想很多人重新思考起了什么是日本人。

汤浅：平时，包括我在内的普通人，不会深入思考国民性、什么是日本人等问题。但是如果日本被表扬的话会感到高兴，被嘲笑的时候会感到生气，会有这些直接的情绪。这种感情究竟是什么呢？

也许这单纯是因为身为日本人的事实就摆在眼前，是出于一种惯性。但日本得以作为国家存在，说明现实中也有许多人在拼尽全力支撑吧。这次我将重点放在对前者有些模糊的想法上，我们应该以什么立场和自己身为日本人这一事实共处？于是，思考这一问题就成了我心中的主题。

——说到和原作的不同，主角姐弟被设定为混血，并因此无法搭上急救艇。还有和他们共同行动

的凯特，这个角色的塑造有对 LGBTQ* 群体的考量，这是您考虑增加角色多样性的结果吧。

汤浅： 整体而言，我通过各种不同的立场来讲述情况，是想让观众可以更容易看清自己的想法。是因为国籍认定自己是日本人，还是血缘，或者外表，甚至精神内核？比起漠然地生活在日本的人，从国外来到日本的人对国家的意识更强烈。住在国外的日本人应该也有同样的想法。

以国籍分类，有些国家的人可以获益，有些国家的人却会受到更多限制和负面影响。嘴上说着坚持多样性却仍想给一切都贴上标签——我抱着凯特不会被这样的风潮裹挟的愿望创造了这个角色。

所以他也不是 LGBTQ。这和一个人是国家的核心人物，还是普通人、年轻人或老人、男性或女

---

* 女同性恋者（Lesbian）、男同性恋者（Gay）、双性恋者（Bisexual）、跨性别者（Transgender）和酷儿（Queer）的英文首字母缩写。

性，全都没有关系。比如，因为大坂直美[*]选手是日本人所以支持她，这就是贴标签吧？如果大谷翔平[†]选手不是日本人，平时不看棒球比赛的人还会如此兴奋吗？我创造了凯特，这个想从一切贴标签的认知方式中逃离并活下去的角色。这可能近似幻想，可我想让他拥有完全没有因为标签而受益但仍能活下去的力量。也就是说，只靠自己的力量在险境求生，是我认为能够摆脱标签、获得自由的手段。

姐弟两人最终没有依靠国籍，而是将获得的益处通过自己的方式还给了国家，让自己和国家对等，我选择了那样的结局。在多样性、国际性这些标签之外，他们是纯粹的个人。对我而言，这很重要。

——也就是说，比起普世的价值观您希望更进一步。如果用普世的价值观来看，作品里的角色一个接一个死亡，让人十分意外呢。

---

[*] 大坂直美（1997— ），日本职业网球运动员。
[†] 大谷翔平（1994— ），日本职业棒球选手。

汤浅： 一般来说，遭遇前所未有的大灾害，画面外会有更多遇难者。只有主角一家全都活着是不自然的，他们完全没有野外求生的知识，会遇到意外的危险也是必然的。在这部作品里我特意轻描淡写，呈现出来的危机感也很弱，表现死亡时也没有采用戏剧化的方式。

为了宣传，已经公开了主角是姐弟，但是我不想让观众知道谁活到了最后，所以提议每一集都有人死亡。也是考虑到这部作品在 Netflix 上会和外国电视剧摆在一起，不知道主角团最后谁会死、谁会活下来，作为剧集可以吸引观众继续看下去。

没有谁能俯瞰全局把握情况，也没有谁能采取最佳行动，其实正常情况下大家都无法获救才是最有可能的。角色接连死去，连看似是主角的人也一个接一个离世。自然灾害本就是人类无法对抗的东西，我希望观众可以把视线放在人与人之间的关系、他们的思考和愿望上。

新作扎堆导致制作现场无比混乱……

——话说那个时候,汤浅先生同时在做好几部新作品,感觉您十分忙碌。在这部作品上,您参与了多少呢?

汤浅: 那时《若能与你共乘海浪之上》正如火如荼地推进着,同时我一边做《别对映像研出手!》《超级小白》和《犬王》,一边写完了《日本沉没》的脚本。

《日本沉没》的内容很严肃,所以比《映像研》更容易把握分寸。那时担任系列导演的人说希望能交给他做,而且他也讨厌自己的作品被检查,所以写好脚本之后我基本就没有插手了。《超级小白》则是检查完分镜之后,全都交给了霜山朋久导演。《映像研》起用了很多新人,许多人是第一次做动画,我认为有必要给他们机会,同时由我来把控全局。

不过做完《若能与你共乘海浪之上》后,《日

本沉没》的进度就赶不上了，导致除了第一话以外，其他几话的分镜都偏离了严肃的路线。那时我将系列导演的工作移交给另一位导演，尽可能修改了分镜。不过，能够以写实风格作画的人太少了，脚本设想的写实场景很多都没能画出来，我们不得不进一步修改。

——只是听您这么说，就感觉很混乱啊。

汤浅： 如果这么下去，新的系列导演也要应付不过来了，所以我暂停了《犬王》的分镜工作，马上开始改《日本沉没》的分镜，修改质量不好的作画，但是无论如何都没能做到理想的样子。音响部分做得很扎实，我也去了混合录音和交付的现场。可是此时《映像研》也有很多高难度的分镜和作画描写的片段需要完成，几乎没有人有能力修改必要的场景设定，所以我又去做那边的工作……给两部作品修改的工作量差不多，时间和人手都不足。而且因为《日本沉没》的写实性，改起来更是困难重重。

——另外,《日本沉没》还有剧场版呢。

汤浅： 因为音响的效果很好，在画面完成之前，我们就决定要做剧场剪辑版了。我们以不绘制新的画面为前提，在整个剧集做好之后，删除画得不够好的部分，减少悬念，尽量重新剪辑成能流畅观看的内容上映。

> 我的
> 心头好

想尝试重制的电影

《乱世佳人》
原片名：Gone with the wind ／ 1939 年制作／美国
导演：维克多·弗莱明
演员：克拉克·盖博、费雯·丽、莱斯利·霍华德 等

《鱼的故事》
原作：伊坂幸太郎／ 2009 年上映／日本
导演：中村义洋
演员：伊藤淳史、高良健吾、多部未华子 等

《战场上的快乐圣诞》
原片名：Merry Christmas, Mr. Lawrence ／ 1983 年制作
日本、英国、新西兰、澳大利亚合拍
导演：大岛渚
演员：大卫·鲍伊、汤姆·康蒂、坂本龙一、北野武 等

我在"想改编成动画的小说"专栏也提过《乱世佳人》，我觉得瑞德·巴特勒实在是太可怜了，想在重制时换个视角拯救他（笑）。

　　《鱼的故事》是伊坂幸太郎的同名小说改编的真人电影，我觉得如果改编成动画也会很有趣，所以选了这部。世界末日即将到来，某个意外人物的举动却拯救了地球，是这样的故事。如果做成动画，就能着重表现角色的动态，增添和真人电影不一样的有趣之处。

　　我以同样的理由选择了《战场上的快乐圣诞》。坂本龙一的音乐太棒了，我很受启发。即便在战场上，坂本龙一也化了妆，这种美感应该很容易用动画来表现，甚至可以做得更美。我想彻底用典雅的少女漫画世界的画风来绘制。不过说实话，我可能画不出来吧，感觉自己也没有坚持画下去的意志力，要是能交给擅长那种画风的人就好了（笑）。

#11

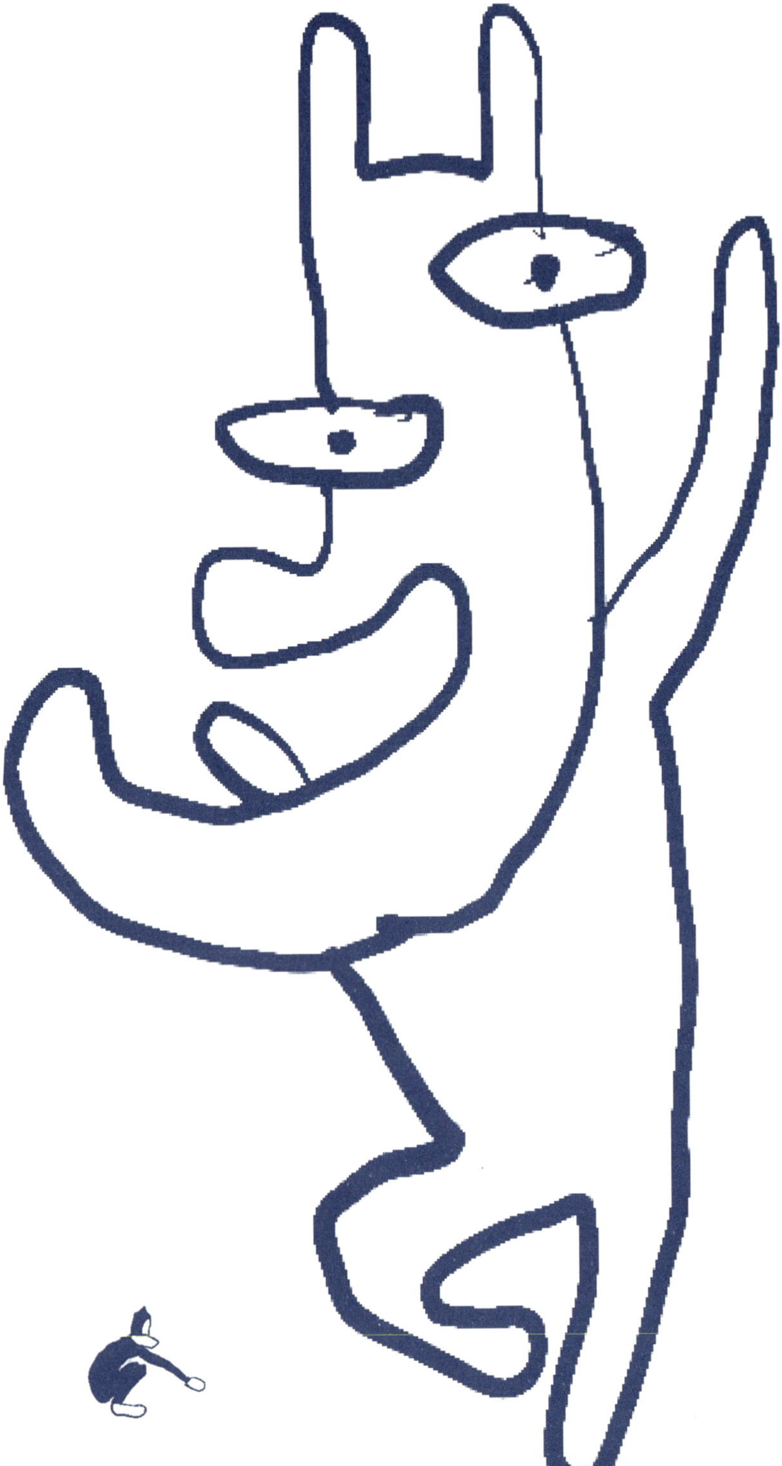

将制作者的"心潮澎湃"传达给观众

《别对映像研出手！》

《别对映像研出手！》

获得第二十四届文化厅媒体艺术节动画部门大奖，入选美国《纽约时报》"2020年最佳电视动画"等。认为"设定即生命"、喜欢动画、刚上高一的浅草绿，和有制片人气质的金森沙耶加，以及想成为动画师的水崎燕一起创立了"映像研"。

制作年份：2020　原作：大童澄瞳　导演：汤浅政明　脚本：木户雄一郎　音乐：Oorutaichi（森口太一）　角色设计：浅野直之　动画制作：Science SARU　配音：伊藤沙莉、田村睦心、松冈美里、花守由美里、小松未可子、井上和彦 等

——那么，接下来是在 NHK 播映的《别对映像研出手！》。在汤浅先生的作品里，这部作品是最有人气的吧？

汤浅： 是这样吗？做完这部作品之后我工作繁忙，加上疫情也开始了，几乎没有和人见面，没有什么实际感觉呢。在电视上播也看不到数据，到现在我都没有把握。倒是有听说老东家亚细亚堂那边评价过什么"汤浅导演终于时来运转了啊"（笑）。其实我真的没有什么感觉。不如说我觉得自己应该能做得更好。我认为动画得到好评，是因为原作内容就是大家想看的。

我离开公司（Science SARU）正好是在这部作品播完之后不久*，当时我有强烈的失落感，心情也很差，也影响了我的判断吧。不知道作品实际如何？

——不，正如亚细亚堂的人说的，您确实"运转"

---

* 《别对映像研出手！》于 2020 年 1 月 6 日至 3 月 23 日播映，汤浅政明于 2020 年 3 月 25 日辞去了 Science SARU 社长一职。

了呀。作品非常有趣，我觉得这个企划简直是为您量身打造的。

汤浅： 大童澄瞳的原作在网络上人气很高，有人留言"改编成动画的话，汤浅导演很合适吧？"，于是我去看了原作，确实非常有趣。主角们把脑海中绘制的影像实际变成动画动起来的过程，和我在工作中体会到的探索的乐趣十分相似，所以我确实想尝试改编。据说那时已经有别的组在推进企划，我就放弃了，幸好后来 NHK 找到了我。

——NHK 的人的想法肯定和您一样哦（笑）。这部作品有很多闪光点，首先就是十分有趣的角色。特别是金森，她也太棒了吧！

汤浅： 大家都很喜欢金森，我也是（笑）。如果让主角三人的戏份差不多，金森可能会因为过于强烈的个性抢尽风头，所以我注意不要让她太抢眼。这部作品就是大家常说的热血动画，一般这种类型的动画里，几乎所有角色都很热血，像金森这样冷静、现实的角色不会出现。从这个角度来说，我认为这个人物很新鲜。

而且金森虽然是个抠门的制片人,却很尊重创作者。说话不好听又犀利,但是工作做得很好。所以她可能是创作者心中理想的制片人吧。实际上,我觉得完全理解制作现场又懂得经营的人几乎不存在吧(笑)。一般情况下,制片人的能力都会侧重某一方面,由其他人补足短板,导演跟着配合。所以才说是理想吧。

——她以理性辩得对方哑口无言,那样子实在令人佩服。她口若悬河,滔滔不绝地说出思路清晰的台词,太帅了,有点像押井导演(笑)。

汤浅: 我认为,在重要的场合,能够妥善进行对外交涉、为己方谋取利益的,才是优秀的制片人。我也听说,很多人觉得如果存在那样的人,说不定动画界也能一扫沉疴了。动画界的各种问题一直难以改善,让人不禁憧憬,如果金森在,她一定能有办法。简直是动画界幻想中的救世主(笑)。

动画界的从业人员会想,如果有金森这样的制

片人，那我的待遇就能有所提高，我就能专注创作了；如果有水崎这样的动画师，我在作品的演出上就能有所突破了；而在金森眼中，有浅草和水崎这样的人在，她当然会觉得大有可为。虽然一切都是愿望，都是幻想，但是她们说的话让人忍不住想点头，她们的决心和妥协的方式也让人产生莫大共鸣。

——动画里的角色和原作漫画一致吗？

汤浅：三位主角和原作几乎一致。大童先生本身也精通动画制作，他把自己的想法分给了三个角色。他其实没有在动画制作现场工作的经验，但是很清楚制作的过程和有可能发生的事情，也明白创作者面对不同情况时的心情。而且我听说，原作漫画非常细致地描绘了各个方面的知识和细节，让不同领域的阿宅们都很感动。

——汤浅先生认为自己像三个人中的哪一个？

汤浅：她们各自的特质，在我身上都有体现吧。

我在二十多岁开始作画的时候可能比较像水崎吧。总之就是非常想画，想画得更好，想表达自己，这样的想法非常强烈。接手《蜡笔小新》设定的工作之后，我开始感觉自己有点像浅草。一心扑在设定上，想创造世界（笑）。做演出之后，和人打交道的机会变多，我开始像金森那样思考。这么看来，从事动画工作的人，肯定会从中看到很有共鸣的内容，所以才会这么喜欢这部作品吧。

——浅草的原型是宫崎骏导演吗？在一个场景中，她穿着围裙、挂着胡子。而且她是因为"想画这种画"开始做动画，我感觉她的想法和宫崎骏导演的很像。让她迷上动画的作品非《未来少年柯南》莫属了吧。

汤浅：浅草是先有画面，再想故事和结构的人。她画的概念图有宫崎骏导演的风格，所以我加上了围裙和胡子。这个场景里如果没有缓和气氛的元素，就会变得过于严肃，我想着还是加上这样的模仿比较好吧。要是太严肃就不像《映像研》了，有必要加入一点搞笑的元素。希望我没有失手（笑）。

——怎么会失手，那部分很受好评呢。还有，

关于创造事物的喜悦。团队协作创作作品的过程有趣又令人感动。对创作者而言，很容易和这种主题共情吧？

汤浅： 发挥各自的长处齐心协力实现梦想很有趣，但实际上，制作现场基本没有人全到齐的时候。专业团队常有的情况是，兼具三种能力的人成为中心推进制作，工作做得好的人常要兼任其他职位或分工，填补短板。虽然也有大家性格合得来，互相帮助的情况，但是如果期待这种情况的话，是可能会导致失败的哦。

给想象的东西赋予实际形态的乐趣

——将创作的过程落实成影像，也是这部作品的一大亮点，实际操作起来是什么感觉呢？

汤浅： 实际想要做成动画的时候发现特别难，我们遇到了各种问题。因为我们要在动画里做动画，我有些不知道该如何把展现她们日常的动画和她们创作的动画区分开来。

原作没有详细说明她们在做什么动画，只是看到大家在感叹"真厉害"，但是不知道具体厉害在哪里。如何表现原作漫画里暗示的"很厉害的动画"，是制作时遇到的一大难题。真的做出一部"很厉害的动画"当然好啦，但是这很难啊。

——没有啊，这个部分完全没有违和感。三个人在自己做的动画里玩耍，她们的兴奋和喜悦都表现出来了，我觉得特别好。

汤浅：日常情景就正常画，她们想象里的设定就用水彩画，再加上透视，变得立体。想到"加上透视、变得立体"这个点子后，终于有了差异化，可以把握作品的全貌了。

这部作品向观众展示了动画从制作到成片的过程，但是让观众看到粗糙的、画到一半的过程稿，会有像在看幕后布景般的风险。而且如果面对的是平面的图，会给人一种在看广告牌的感觉。所以我

加上景深,让它们看起来不一样。我在思考设定的时候,也有这部作品里描绘的走进画面中的感觉,所以希望能把握住这一点。

负责摄影的工作人员教会我把普通的画面变成水彩画风格的方法,多亏了他们,我用一般方法绘制的动画也能有水彩画风了。如果要做得像《我的邻居山田君》*(1999)一样,需要做大量的细致工作,根本做不到。这种方法使我不用在作画上再多费功夫,帮大忙了。

——她们心潮澎湃的感觉也传染给了观众。我想这正是因为您作为创作者也产生了共鸣吧。

汤浅: 是的。原作有趣的地方很多,其中最令我有共鸣的就是给想象的东西赋予实际形态的乐趣。曾有一段时期,我十分向往宫崎骏导演水彩画风格的概念设计图,做《蜡笔小新》的设定时,我也试

---

* 改编自漫画家石井寿一的同名漫画,以山田一家的生活为主题创作的喜剧片,由高畑勋执导,吉卜力工作室制作,获得第三届文化厅媒体艺术节动画部门优秀奖。

着画了不少水彩画风格的画。比起用铅笔作画，水彩画更简单，内容也更好理解，不需要仔细上色。也因为这一点，当我的画被采用，变成立体的动画动起来的时候，我有种心潮澎湃的感觉。

所以我决定将这种心潮澎湃的感觉贯穿整部作品。作品完成的瞬间，那种快乐我本以为只有制作人员才能体会，但是观众也产生了共鸣。我心里一边感叹着这很难得，一边也忍不住想，可能因为无论是谁，都是某些事物的创作者吧。

浅草的台词
"注入灵魂的妥协和放弃的结石"
正是我的感觉

——汤浅先生对这部作品应该很有成就感吧？

汤浅：不，我没有什么成就感。不是说针对这部作品，我每完成一部作品之后总是会后悔，区别

只在于后悔的程度不同。我想画得更好，我可以画出来呀，这里应该改成这样，我可以做到的啊……尽是这些后悔的事情，远远说不上有成就感。

画面上，我认为《海马》和《四叠半神话大系》做得很漂亮；内容上，则是《乒乓》体现了原作的魅力。但要说我对这些作品是否有成就感，说心里话是没有的。

——您的评价真严苛啊。

汤浅：（笑）但归根结底就是这样啊。所以《映像研》里浅草的台词"注入灵魂的妥协和放弃的结石"，说得真是贴切。虽然也有之后受到好评，让我的自我评价有所更新的作品，但是后悔没能做到的事情要多得多。我总是希望在下一部作品中尽量弥补。

——话说，您还有别的想改编的作品吗？押井导演说"想看汤浅导演的《小超人帕门》"，我下意识就觉得不错呢。您有什么想改编的作品，可以和大家分享一下吗？

汤浅：小的时候我非常喜欢《小超人帕门》，藤子·F.不二雄的作品我全都喜欢。他画过短篇科幻漫画，故事非常有趣。这种类型的作品我也考虑过。电视动画的话，《天才傻鹏》第一季兼具家庭剧的悲伤情调和超现实性，是我理想的喜剧之一。

然后是诸星大二郎的《暗黑神话》。应该很难改编成电视动画，但是这部作品和《花男》一样，都有完美的结局。它是把须佐之男神话和日本武尊神话放到现代背景下展开的宏大作品，特别有意思。我也想试试改编呢。

——听起来都很有趣呀！

汤浅：是吧！可是找不到人和我一起做呢(笑)，相当困难啊。

> 我的
> 心头好

理想中的制片人

杰瑞·布鲁克海默

电影、电视剧制片人。1945 年 9 月 21 日出生于美国。从 20 世纪 70 年代中后期开始正式参与电影制作，主要监制的作品有《世界末日》(1998)、《黑鹰坠落》(2001)、《加勒比海盗》系列（2003—2017）等。

彼得·杰克逊

电影导演、制片人、编剧。1961 年 10 月 31 日出生于新西兰。把 J. R. R. 托尔金的原作《魔戒》改编成系列电影《指环王》(2001—2003)，成为享誉世界的电影制作人。

提名彼得·杰克逊，当然是因为他把被认为无法改编成真人电影的巨作《魔戒》三部曲搬上了银幕啦。电影和原作一样有三部。他没有选择好莱坞，而是在自己的故乡新西兰拍摄，实现了很多巧妙的想法。电影在世界范围内引起热议，甚至掀起奇幻热潮。能够做到这一点，说明他不仅作为导演，作为制片人的能力也很高。后来杰克逊还把《霍比特人》系列改编成电影。最近又常使用新的方式拍摄纪录片。

　　《第九区》的制片也是杰克逊。他看到导演尼尔·布洛姆坎普在YouTube上传的短片，让他改编成长片，获得了成功。作为制片人他有挖掘新人的才能，很厉害。

　　另一位想介绍的是杰瑞·布鲁克海默。虽然有人嘲笑他，但他就是可以从PV*中看到导演的才华，让他们制作大片并且获得成功不是吗？而且他的职位是"制片"，不是"总制片"，也就是说他没有挂名，而是在认真地做事情。他甚至自己出资和募资。他最近没有以前那么活跃，可是只要制作人员的名单里有他的名字，我就会对影片产生兴趣。

---

*　Promotional Video，指配合音乐剪辑而成的短片，用于宣传；而片长较长、更为完整的版本，则被叫作"MV"（Music Video）。

#12

让我有成就感的
《猫汤》和
一些短篇动画

《猫汤》

被死神夺取了一半灵魂、丧失活力的喵子，和她的弟弟喵太踏上寻回另一半灵魂的旅途。这是一部公路片。汤浅负责这部OVA的脚本、分镜、演出和作画导演等。获得2001年文化厅媒体艺术节动画部门优秀奖。

制作年份：2001　原作：猫汤　导演：佐藤龙雄　脚本：佐藤龙雄、汤浅政明　动画制作：J. C. STAFF

——汤浅先生也做过一些原创短片和电视动画短片，您曾说过您对《猫汤》很满意。

汤浅：导演佐藤龙雄先生邀请我参与这部作品的制作，他给了我极大的自由，脚本、分镜、演出、作画导演、设计等，让我能做各种尝试，对我个人而言这是让我很有成就感的一部短篇动画。

最开始我关心的是"如何整洁地完成画面"。

因为我在这部之前做的《八犬传》给业内留下了不好的印象，他们认为我作为动画师，线条画得凌乱不干净。我想消除这种印象。

而且猫汤老师的原作轮廓线清晰，且线条简单明了，扭曲的地方给人一种有意为之的感觉。我又能比较全面地介入调控整部作品，所以想着应该可以实现我的目的。

——如您所说，您确实完成了目标。而且，这部作品给人的观感既超现实又黑暗，角色们的形象都很可爱，也因此形成了巨大反差，魅力十足。

汤浅：猫汤老师的画风本来就是超现实又黑暗

的。当然,她的作品里也的确有不少像是热闹的滑稽剧或是标新立异的内容,但这部作品不同,我在制作时以猫汤老师余韵十足的短篇漫画做基底,并混入了部分原作带给我的或忧郁或讽刺的印象。动画中融入了《猫汤乌冬》《猫汤旅行记印度篇》的内容,以收录在《猫汤乌冬》中的短篇《灵魂的故事》作为故事主线。它讲述的是一个灵魂被带走的故事。还有,我也加上了用猪做炸猪排的情节。

——为什么更忧郁了?这是您的观感吗?

汤浅:不,猫汤老师的原作就有这种感觉。她的作品大多是用黑色幽默讲述讽刺、忧郁的故事,并一笑置之。不过,这样的内容对我来说接受起来有点困难。

《灵魂的故事》偏向抒情,为了整体和谐,我没有改变角色的形象,而是用忧郁包裹住现实的矛盾和讽刺,像这样整合起来。把故事改成这样的风格,可能确实出于我的观感。比如炸猪排的故事,就有"吃动物什么的,很矛盾啊"的感觉。我们一边爱动物,一边又杀它们吃它们且觉得"好吃",这本来就是矛盾的。很多人爱动物的时候忘记了自己也会吃动物,所以没有感到矛盾。但是,偶尔会有人同时记得这两方面(笑),他们是怎么考虑这种事的呢?很难理解啊。我在想,如果像这样反复思考现实中的各种不合常理之处,或是人为了活得更好而采取的那些策略,就会创作出像猫汤老师这样的作品了吧。我想用艺术片的形式把这种模棱两可的感觉呈现出来。

——画面几乎是单一的色调,看起来更忧郁了。

汤浅: 片中有些风景能勾起人的乡愁,像是过去发生的故事。多亏了担任美术导演的中村豪希先生,在简单的画面里画出了深意,让单调的画面变得能打动人心。中村先生也参与了这次《犬王》的背景美术制作,时隔二十年我终于和他再次合作。

还有一个我认为让画面变得打动人心的原因,是那时候可以用数码绘画画出像是笔刷画的阴影了,即使相当简单,也可以有效表现情调。

——给我在冥界旅行的感觉。

汤浅： 没错。像是把彷徨在死亡深渊的感觉画成了绘本，这样说应该更容易理解吧？不过，也有气氛不是那么黑暗的时候哦。毕竟是讲述弟弟救助半死的姐姐的故事，也有描写家人间的感情。

刚才提到动画以《灵魂的故事》为主线剧情，其实我在其中还穿插了自己小时候的经历。我小时候有一次因为在浴室洗车差点被淹死。

——汤浅先生，这太超现实了，我不太理解。

汤浅： 这样啊（笑）。我想用一个很深的洗澡桶来洗铁皮玩具车，桶里装的水不是很多，我为了够着就从桶边把身体探了进去。当时我几乎是倒立的姿势，挂在桶边的肚子滑了一下，头就栽进了水里。等我恢复意识，发现自己已经躺着了。因为我那时太小，没有办法靠臂力把身体抬起来，我的头浸在水里，身体动不了，就这样丧失了意识。后来据说爸爸路过，发现洗澡桶里露出了我朝天的双脚。之后他们让我把水吐了出来，等我回过神来的时候，我正躺在妈妈的膝盖上，妈妈在帮我擦耳朵里的水。

如果爸爸没有路过，我就淹死了。这段经历在我的脑海中仿佛是现实与梦境交织在一起，我也想在作品中表现这样的记忆。

姐弟俩姑且在影片最后回到了现实，但这样皆大欢喜的结局不像猫汤老师的风格，所以我营造了一种让人分不清梦境和现实、感觉幸福总有一天会结束的氛围。

——这部影片没有台词，是出于什么考量呢？

汤浅： 因为是短片，而且氛围一直很消极被动，所以我觉得只靠画面就可以呈现得很好。配音选得不好的话有可能会破坏气氛，对于不好理解的场景，我会加上类似猫叫的声音，或者像漫画那样使用对话气泡。我希望做出能让人慢慢观赏画面、仿佛在看绘本的作品。

——去蔬菜店的时候会出现"十日元哦"这样的对话气泡，很可爱呢。还有，据说这次的分镜和普通的动画不一样，具体有什么不同呢？

汤浅： 这是导演佐藤先生的提议。我们不用平

时画分镜用的带方格框线的稿纸，而是在速写本上画很多画，把它们摆在一起。也就是说没有画格。我们把许许多多的这些画按顺序贴在大尺寸的底纸上，写下镜头编号、镜头持续秒数和内容说明*，以此代替分镜。缺少的画面也用没有框线的纸画好，贴在底纸上。我本希望由动画师决定要画什么样的画格，但是在近三十位动画师中，只有两个人同意，其他人都认为"这么做看不懂，希望有框线"。所以最后还是由我完成了这部作品的设计稿。

——最后您还负责了设计稿啊。

汤浅：算是吧。吃一堑，长一智，画分镜还是少不了框线啊。总之，我想在这部作品中做出整洁的画面，这个最初的目的实现得很好。片头和片尾也做得比较特别，我特别喜欢片尾。

---

* 除台词以外，脚本上对角色的行为进行提示的部分。

从《摔跤的罗密欧与朱丽叶》的众筹开始到《探险活宝》

——您还有一部短片是《摔跤的罗密欧与朱丽叶》（2013）。这部动画是众筹制作的，好像是日本第一部真正的众筹动画。

汤浅： 好像是。Production I.G 的石川光久先生对我说"出个企划吧"，我就想了几个给他，他从中选了我认为最没可能实现的那个，说"这部不错呀"（笑）。

——原来是石川先生选的啊……风格相当与众不同呢。

汤浅： 是的。这部作品融合了《虎面人》的风格和 SM 元素，有点色情。我明明也提了那种老少皆宜、能让大家都开心的普通企划，没想到最后会选中这样的作品（笑）。

——为什么让押井导演担任监修呢？

汤浅： 为了实现众筹，我觉得有名人参与比较

好，所以借了他的名头。那时众筹在日本完全不是主流，我们用的 Kickstarter 是面向国外的平台。在日本要参与众筹会有点麻烦。出资人被称为赞助者，会得到与出资额相对应的东西或者参加活动的机会。出资金额最高的人可以和押井导演、石川先生以及我一起吃晚饭，还能参观 Production I.G。实际上真的有粉丝为此给我们出资，觉得如果能和押井导演私下见面，这点钱不算什么。

——借用押井导演的名气真是太值了呢。

汤浅：是呀。出资金额高的几乎都是国外的粉丝，也因为这个，我们想让画风偏向西式，选择了更像美式漫画和剧画风格的笔触作画。但是后来觉得当时那种想法是不对的。负责作画和背景画面的工作人员加上我只有四人左右，大家一起出点子，一口气做完了这部作品。音乐和音响导演的工作则都交给 Oorutaichi 先生了。

——原来如此，我感受到了这种势头。这部作品集合了短片的各种优点呢。

汤浅：不是哦，押井导演可是说它"感觉根本不会赚钱"（笑）。这部作品在美国做了英文配音，之后还录了由赞助者们配音的版本，作为给他们的特典。他们为此从美国各地赶了过来呢。

赞助者中有不少动画业内人士，其中就有负责《探险活宝》角色设计的人。在美国负责Kickstarter众筹的贾斯汀·利奇[*]先生询问他，有没有兴趣让汤浅来导演一集动画，便有了后来的合作。我才知道Cartoon Network[†]偶尔会邀请外部的导演以自己喜欢的内容和画风，为《探险活宝》制作动画。

——原来是这样的缘分！

汤浅：是呀。那时我才第一次看《探险活宝》，就觉得很有趣，所以说了"有机会一定要让我导演

---

[*] 贾斯汀·利奇（Justin Leach），动画师、电影制作人，曾在Production I.G 工作，参与《攻壳机动队2：无罪》的创作，后有《冰川时代3》《冰川时代4》等作品。
[†] 时代华纳公司旗下的美国有线电视频道。

啊",没想到进展得很顺利,又有机会去美国了。我和《探险活宝》的主创们第一次见面的时候,他们问我:"想做什么内容?"第二天我就准备了一些点子。我提议把食物链作为主题怎么样?这个想法顺利通过。第二天,我就在 Cartoon Network 有了一间工作室,开始画简单的分镜。和做《猫汤》的时候一样,我把画在速写本上的画剪下来,贴在墙上,按顺序全部排好,然后在包括节目的制作人兼总负责人彭德尔顿·沃德*先生在内的工作人员面前说明剧情。大家觉得不错,说了 OK,我就开始画日式的分镜了。在这前后,《探险活宝》的编剧写好英文脚本,之后在美国配音。

——实际上动画是在日本做的吧?

汤浅: 是的。这是 Science SARU 成立后接到的第一份工作。工作人员有参与过《摔跤的罗密欧

---

* 彭德尔顿·沃德(Pendleton Ward,1982—),美国动画师、制作人和配音演员,代表作有《探险活宝》系列、《神勇战士》等。

与朱丽叶》的凯文·艾默里克[*]，还有为了 Science SARU 来到日本的胡安·曼努埃尔·拉古纳[†]和阿韦尔·贡戈拉[‡]。音乐则交给了 Omodaka[§]。

——这是您第一次和国外的团队合作，感觉怎么样？

汤浅： 因为我是客座导演，想必比做正片的工作人员有更大的自由，也得到了很多帮助。虽然语言交流上有些问题，但是获得了宝贵的经验，我十分感谢这次的合作机会。而且工作室的气氛明快又舒服，我以前也参观过几家位于洛杉矶伯班克的工作室，这也刺激了我，让我想创造出更好的工作环境。

他们会从不同行业邀请人才创作多个故事板[¶]，

---

[*] 凯文·艾默里克（Kevin Aymeric），美术导演，代表作有《乒乓》《英雄联盟：双城之战》《太空丹迪》等。
[†] 胡安·曼努埃尔·拉古纳（Juan Manuel Laguna），动画师，代表作有《星球大战：幻境》《成为英雄吧》等。
[‡] 阿韦尔·贡戈拉（Abel Góngora，1983—），西班牙动画导演，Science SARU 动画工作室元老级员工，负责数字动画部门。
[§] 日本音乐组合，融合电子乐、民谣，结合图像，身着祭司服表演。
[¶] 用插画和简单注释来讲故事，一种视觉叙事方式。

听取意见，一起讨论想法，做好一切事前准备再发给国外的外包公司。在大型工作室中，他们给我留下要靠自由、有创造性的工作方式取胜的印象。

——之后您又参与制作了《太空丹迪》（2014）中的一话。也许因为是渡边信一郎导演的作品，我感觉它像大大咧咧的喜剧版《星际牛仔》（1998），很有意思。而且有着日本一线的动画师和导演参与其中，阵容相当豪华呢。

汤浅： 渡边导演是我参与制作的单元剧动画《天才嘉年华》（2007）的导演之一，当时我们有过一些交流。没想到他很喜欢旧版《天才傻鹏》。动画界里喜欢《元祖天才傻鹏》的人很多，喜欢旧版的人却少。我也非常喜欢旧版的那种家庭喜剧中带有的超现实感。还有，我们讨论《鲁邦三世》系列第一季的配乐，都认为它采用录音而不是收录现场乐器演奏的原声，这一点很好。我当时心想，我们的想法竟意外一致呢。也许是因为有过这样的交流，我在做《太空丹迪》的时候，总觉得自己明白他想要

的是什么样的感觉。

——故事主角是寻找稀有外星人的宇宙猎人，只要把握这一点，就可以自由地创作吗？

汤浅： 是的。我想着，只要遵守主角的人设，写一个抓住外星人的故事就可以了吧。我写好故事之后得到了"这样挺不错啊"的回复，就继续推进了。虽然渡边先生作为总导演应该会进行调整，但是总体上还是自由的。我参与这个项目，是打算以高涨的热情做出史上最无聊的东西来。

——那个稀有的外星人是鱼类吧。让我想起《宣告黎明的露之歌》里的爸爸。

汤浅： 啊，我有没有说过，露起初的设定是吸血鬼？

——您没说过呢。

汤浅： 其实一开始是吸血鬼哦。我在 Production I.G 做试播片《吸血鬼才怪》（1999）的时候有了这个点子，并一直在脑海中发酵，最开始我想，要是以大屏幕尺寸做成电影会很有趣吧。

但我和编剧吉田玲子女士聊了之后，她提议设计成"大家更想在电影院见到的可爱角色会不会更好"。所以改成了人鱼。

——那个吸血鬼难道不可爱吗？

汤浅：我是觉得很可爱啦，但是比起吸血鬼，或许还是人鱼更可爱吧。人们只是误认为人鱼会吃人，和忍着不吃人的吸血鬼相比，人鱼的危险性还是更低一些。

——会吃人的吸血鬼？

汤浅：对。啊？我那时是把她设定成吃人的狼人少女了啊……我当时搞错了，以为吸血鬼是吸血的妖怪和狼人混合的生物。这个狼人少女本来是吃人的，但她忍着不吃，想成为人类。而她的爸爸则是一个可能还维持着吃人习惯的狼人。我把狼人爸爸变成了人鱼，但还是希望保留类似吸血鬼的设定——被人鱼咬了之后就会变成人鱼！

——原来如此！这也很有趣呀。

> 我的
> 心头好

喜欢的短篇小说

《走向疯狂》
(弗雷德里克·布朗)

发表于 1949 年的短篇小说,原名"Come and Go Mad"。有个新闻记者假装自己是患者,潜入精神病院暗访,精神病院里似乎有事情发生……男人的真实身份令人意外,结尾也冲击力十足。

《警察与赞美诗》
(欧·亨利)

擅长写短篇的美国小说家欧·亨利在 1904 年发表的短篇小说。
有个流浪汉为了挺过寒冷的冬季,故意干坏事,想进监狱。1952 年被改编为单元剧电影《锦绣人生》的五个短片之一。

《过去,有个善良的男人》
(简·约伦)

美国儿童文学作家、幻想小说作家简·约伦的短篇小说。"我想看看天堂和地狱的样子",这个善良的男人看到了……

我在"想改编成动画的小说"专栏选了弗雷德里克·布朗的作品，我确实很喜欢他（笑）。《多么疯狂的宇宙》是长篇小说，《走向疯狂》则是短篇集，同名作品收录在这本书的最后，这么做是有理由的。他的短篇小说很有趣，也许应该说他的短篇小说更有名吧。而且标题都很吸引人，《火星人，回家吧》就给人留下了深刻的印象。像这样的标题，时隔再久也能轻松脱口而出呢。

阅读短篇小说的人肯定读过欧·亨利的作品，我也经常读。《麦琪的礼物》《最后一片叶子》之类的作品是经典中的经典。我一直喜欢最后反转或者颠覆想象的结尾。我也喜欢《警察与赞美诗》，讲的是有个流浪汉为了过冬，想进监狱避寒。结尾不知该说是聪明还是讽刺。

还有美国幻想小说作家简·约伦的短篇。她的作品每一篇都很有趣，我最喜欢的是《过去，有个善良的男人》。有个善良的男人，天使说可以给他一个奖励，所以他要求看看天堂和地狱的样子。没想到天堂和地狱差不多……这情节是下了功夫的，十分有趣。读起来有寓言故事的感觉，这一点我也喜欢。

我真的很喜欢颠覆性的结尾，《魔神 Z》的漫画也是，我以为自己喜欢的角色是主角的同伴，其实是敌人。还有电影《第六感》和《人猿星球》。比起平铺直叙，我更喜欢有反转、背叛观众预期的故事。

#13

《犬王》

既是全新挑战,也是集大成的最新作品

《犬王》

根据古川日出男的小说《平家物语：犬王之卷》改编的动画。以"能乐"为主题创作的音乐动画，室町时代实际存在的能乐师犬王在动画中被描绘成了流行明星。因为犬王的体态异于常人，他被身边的人嫌弃。戴着葫芦面具的他有一天遇到少年琵琶法师友鱼，逐渐在逆境中掌握自己的人生。

上映日期：2022年5月28日　原作：古川日出男　导演：汤浅政明　脚本：野木亚纪子　角色原案：松本大洋　音乐：大友良英　角色设计：伊东伸高　动画制作：Science SARU　配音：Avu-chan（女王蜂）、森山未来、柄本佑、津田健次郎、松重丰 等

——下一部是您的最新作品《犬王》，原作是古川日出男的小说《平家物语：犬王之卷》吧。这次的企划是汤浅先生自己主动提出的吗？

汤浅：不是，一开始是Asmik Ace公司邀请我参与制作。古川先生的原作我也是在受邀后才第一次读。读后觉得应该能做出很有趣的东西，而我又很久没有接触历史题材了，很有兴趣。再加上可以做成音乐电影的形式，我也觉得新鲜，值得挑战，于是就接下了这份工作。

——原作的叙述方式很有特色，结构精巧，能乐师犬王和琵琶法师友鱼这两个主角也是独一无二。

汤浅：犬王虽然是历史上存在过的人物，但是几乎没有留下记录；友鱼则根本没有他真实存在过的记录。正因为他们二人几乎从历史上消失，我可以充分发挥想象，描绘他们充满活力的一生。

故事发生在室町时代，这是日本首次走向统一的时代。与此同时，这也是一个许多东西开始消失的时代。就像奥运会时，为了不让贫民窟被人看见而砌墙将其隔离起来一样，以这个时代为界，像流浪汉这样的人也不再出现在绘画中，像是消失了。其实我们明白这些人还在，只是被隔绝在了视线之外。

——您是说室町时代是一个将人分为三六九等的时代吗？

汤浅：是的。历史上可能有过多次类似的转折，但这可能是我们能够确认的第一个重大转折。这个时代决定了谁消失，谁留下。写在书里、画在画里的人留了下来，其他人则消失了。或许武士的故事也是，只有对后世有利的内容被保留了下来。

——两位主角，犬王和友鱼也是因为这种划分而消失了吧。

汤浅：虽然他们从社会底层崛起，曾风靡一时，是受欢迎的能乐师和琵琶法师，但是留下名声的只有世阿弥和明石觉一。

明石觉一检校*（他出身足利家，受幕府庇护，创

---

* 平安时代和镰仓时代设立的掌管神社、寺庙和庄园的监督人员。室町时代之后，已成为盲人官员的最高头衔。

立了琵琶法师自治的互助组织"当道座")所著的觉一版《平家物语》不仅是一部战争题材的消遣读物，也记录了那些消失者的故事，有着告慰亡灵、安抚逝者的作用。还有后来成了武士们嗜好的能乐，其中就有死者作为主角登场自述的戏剧。这些因战败而消失的人的故事以这种方式被收集保留了下来，不仅可以作为吊唁，也让被记述的人得到了安慰。

后来，观赏能乐并亲自尝试表演成了武士阶层的素养，我怀疑这或许是为了在可以堂而皇之以下克上的时代教唆他们尽忠，以能乐向他们灌输就算战死这辈子也算活得潇洒的观念。

古川日出男老师创作的小说《平家物语：犬王之卷》从《平家物语》衍生而来，主角犬王和友鱼虽为他人讲述《平家物语》，但他们自己却什么都没能留下，就这样消失了。这部小说讲述了生活在室町时代的他们的故事，我们在做动画时也怀着同样的心情，希望这两个人的故事能被更多人知道。而且我认为，这样的主题在现代也能引起共鸣。

——是指"讲述无名者的故事"吗？

汤浅： 用现在的话来说就是"渴望得到认可"吧。他们终将消失得一干二净，但想让大家知道，他们曾经充满活力地度过了属于自己的一生，是这样的一种情绪。我接到企划、阅读原作的时候，脑海中立刻浮现出了这个词。

用摇滚的节奏展现犬王和友鱼的活法

——虽然故事发生在室町时代，但具有现代感，或者说和现代社会紧密相连，是《犬王》的一大特色。其中最现代，或者说最有当下诠释风格的地方，在于使用了歌舞片的形式。您在阅读古川先生的原作时，是从哪里生发出"歌舞片"这个点子的呢？

汤浅： 能乐由歌和舞构成，姑且也能归类为歌舞片吧。据说在那个时代，能乐（猿乐）是比现在更大众的娱乐，我想要尊重并还原这一点。但是，

我并没有把整部电影做成歌舞片的打算。其实我印象中的歌舞片，是用音乐和歌唱代替对话，而这部作品还是用台词在推进故事，只有舞台上的部分使用音乐和舞蹈，所以从一开始我就疑惑，这算不算歌舞片？不过，"歌舞片动画"这个词先一步被大家提及，我当时的感觉是"咦，原来这部动画是这种定位吗？"。

——那么，您是得知了这个类似宣传语的词，才发现原来大家是这么想的？

汤浅： 是呀（笑）。起初我只是想做带音乐的动画，可是做完之后发现"是啊，这确实可以被称作歌舞片啊"。唱歌和跳舞的部分很长，歌词也在讲述故事和背景。

——只是唱歌和跳舞的部分就有将近三十分钟，占全片的三分之一，这应该是一个相当大的挑战吧？

汤浅： 刚开始我都没有注意，细想了一下才发现后半部分几乎全在唱歌（笑）。但是这部作品注定要展示舞台，这是躲不过的。而且设定上，这个舞台的设计就不会非常简单，我很难靠重复或省略画面偷懒，再加上还要配合音乐设计动作时机，同步唱歌口型，作画的时候有很多的困难。

还有，剧情急转直下并开始唱歌的时候，观众能否跟上可能是关键。但我想如果观众能仔细听歌词，应该是没问题的。

这么说是因为，犬王的舞台演出、唱歌跳舞都变成了歌舞片，歌里是有故事的。友有（友鱼）唱的是犬王的故事、和观众的对话，或对观众的招徕。犬王里出现的剧目《腕冢》，以在一之谷之战中战败的平家萨摩守忠度被砍手的故事为底本，把犬王长长的手臂当成奇观，观众的身份和小兵重叠，推动剧情发展。影片正中插入的《鲸》则是关于平家统帅亡灵的故事，他穿着渔民的服装，一直在坛之浦等待鲸鱼到来，以此表现只要坚持下去，终将得到回报。接着最后一首歌《龙中将》，讲的是平家的亡者可能会前往的龙宫。《平家物语》中记载，幼年的安德天皇在坛之浦投河自杀时，和他一同跳河的二

位尼*安慰他说:"水下也有宫城。"认为尽忠之人有龙宫作为归宿的想法,和琵琶弹唱、能乐的主题"镇魂"重叠,很适合作为犬王和友有讲述《平家物语》时的高潮,告慰所有"平家的亡灵"。真的有龙宫吗?还是没有呢?《平家物语》最后出现"龙畜经"这一虚构的经卷,据说只要吟唱其内容便能安抚所有前往龙宫的平家亡者。动画里,"龙畜经"是第三场表演的关键,和镇魂的主题也重合。

——主题和故事的关联真深啊。

汤浅:是的,所以我希望大家也能仔细听听歌词呢,相信一定能更有感触。

——虽然歌词是这样的内容,但用的却是摇滚的节奏,而且还是皇后乐队的风格。

汤浅:啊,这怪我。我很喜欢皇后乐队(笑)。但是大友良英先生说东方早就有了这种旋律,就借

---

* 指平时子(1126—1185),她是平清盛的继室。承安元年(1171)位居从二位,因此被称为二位尼,平清盛死后成为平氏一族重要的精神支柱。

鉴了类似的风格。犬王和友鱼创作的音乐令大众惊讶，因为他们创作了走在时代前列的全新音乐，所以我故意想让音乐听上去非常现代，还想尽可能选择力量感很强的乐队构成和音乐形式。我选择摇滚是因为它蕴含反抗的力量，有种从底层爬上来的感觉，不是吗？相比现在，那时这种感觉要强烈得多。想进入上层，只能靠精进表演技艺或者立功。在这样的背景下，肯定没法使用嘻哈音乐，而应该是摇滚。

他们的音乐被封印在历史中，没有后继者。因为被封印，有许多音乐没能留下来，其中肯定也有现在无法想象的音乐。出于这些想法，我最后选择了摇滚。

——百姓陶醉在音乐中的身影让我耳目一新。甚至有"和我一起拍手"这样的台词。

汤浅：我想象的是披头士乐队登台时观众兴奋的样子，全世界都在热情地欢迎他们。就是从那时开始，大家不仅在舞厅，也在演唱会现场跳舞了吧。动画里，被犬王和友鱼吸引来的观众变得疯狂，一

起拍手，跟着音乐一起跳舞，大家都感到了解放。犬王和友鱼的阶级身份和底层百姓一样，可以作为他们的代表。底层百姓也因为对犬王和友鱼的支持，仿佛自己也随着两人一起进入了上层阶级。正因这样，才令当时的幕府感到害怕了吧。

——很能理解。

汤浅：这里体现出的，也还是"渴望得到认可"。犬王和友鱼像烟花一样，只闪耀了一瞬间，但是他们让在场的人那么疯狂，想必他们本人也会觉得满意吧。至少我觉得犬王会这么想。而友鱼则是之后从认可自己的犬王那里得到了救赎……我觉得现在的观众也会对这样的情绪有共鸣。虽然他们没有青史留名，但是看到过他们的人，至死都不会忘记。

交给 Avu-chan，
才定下了犬王的角色气质

——音乐在这部动画里非常重要，而负责音乐的是以《海女》配乐等作品闻名的大友良英先生吧。

汤浅：我的语言表达能力不足，最开始请他参与即兴合奏的时候，没能做出力量感很强的音乐。我想要更有气势、来势汹汹的那种摇滚乐，但是一直没法准确表达自己的想法，这让我特别焦躁。那时已经定下了犬王他们表演的舞台剧目，于是我们配合这些剧目内容把已有的音乐混合在一起，并把分镜编辑成收录了现场表演的纪录片的感觉，将这两者合在一起做成了影片。这部影片有着我想要的节奏和律动，就像大家都在拍手、跺脚一样。

——一般不会这么做吧？

汤浅：这样做起来恐怕不仅费功夫，而且很可能做不出我想要的效果。但是大友先生完美配合，做出了我想要的音乐，帮了大忙。简直是神来之笔。

——为什么选择了 Avu-chan 为唱这首歌的犬王配音呢?

汤浅: 在做《恶魔人:哭泣之子》的时候,我们请 Avu-chan 唱了老版本电视动画的主题曲。这其实是负责音乐的牛尾宪辅先生的点子,效果非常棒,所以我又邀请 Avu-chan 为恶魔族的族长——魔王 Zeno——配了一下音。

到了制作这部作品的时候,虽然也提到了 Avu-chan 的名字,但只有《恶魔人》中的那一小段配音,我们无法判断是否适合。而且那时设定的角色形象,是犬王拥有勇猛精悍的男性气质,友鱼则有着纤细的女性气质,但是都没有确定。犬王真的应该是勇猛的角色吗?不,不对,应该更华丽,更自我?还是说,应该是像人却不是人,充满力量、非常有活力,像妖精一样难以揣测的角色……越是思考,角色就越来越靠近 Avu-chan 本人。我本来就觉得只能让富有才能的人来演绎犬王,最后发现居然是非 Avu-chan 莫属。

——我是第一次听到 Avu-chan 的名字，所以就查了一下，发现搜不到什么信息，很神秘呢。

汤浅： 所以决定是 Avu-chan 之后，犬王的形象变得明晰，也更像 Avu-chan 本人了。而且给犬王配音，肯定优先选择实际会唱歌跳舞，有舞台表现力的人，能自己修改歌词的话就更棒了。结果，Avu-chan 是最合适的人选。

——"修改歌词"是指什么？

汤浅： 我认为在能传达故事的基础上，表演者应该尽量把歌词替换成自己的语言，尽量把它变成自己的歌曲、自己的舞台。大友先生也说，为了方便改编，曲子的基础部分他做得并不复杂。说到演出，肯定还是表演者本人的感受最重要吧。我希望犬王的演绎者能以表演引导观众，而 Avu-chan 的舞台表现毋庸置疑，极为出众。其实歌曲录制的时候，Avu-chan 也引导了现场包括给友鱼配音的森山未来先生在内的所有人，十分可靠呢。

——也就是说，不是单独录音，而是两人一起？

汤浅： 是的。森山先生唱歌的时候，Avu-chan 也在场。Avu-chan 和森山先生是朋友哦，不过我事先并不知情（笑）。森山先生唱歌的时候，Avu-chan 会给他提建议，森山先生自己也出点子，气氛非常融洽。

多亏 Avu-chan，录音相关的工作进行得十分顺利。森山先生也是，因为演绎的角色是琵琶法师，他真的去练习了弹琵琶，而且他的歌声也出人意料地有力量，连大友先生都感到佩服。我们邀请指导森山先生练习琵琶的后藤幸浩先生为友鱼的师父谷一配音，他们真的成了师徒。我们还请后藤先生设计了各个场景中的琵琶表演，并拜托他亲自演奏。

——犬王的舞蹈呢？感觉是把新式的体操和现代舞结合，很有现代的感觉。

汤浅： 据说那时能乐（猿乐）的舞蹈动作比现在快三倍左右，所以我让犬王的舞蹈看起来更有速度感，更有现代的感觉。但是要在动画里表现快速的舞蹈动作，需要我给出细节详尽的指定，这一点很难，所以我拜托原画师参考比较接近我想象的舞蹈视频，再配合音乐细致地加上舞步等细节。

对于舞蹈，我参考了不少东西。比如鬼步舞这种只用脚跳的舞，或是舞棒、舞火、霹雳舞、凌波舞、自由芭蕾。还有歌舞片《雨中曲》里运用了水的舞蹈，迈克尔·杰克逊、珍妮·杰克逊、蛯名健一、MC 哈默、猫王、吉米·亨德里克斯、约翰·特拉沃尔塔、乔治·唐、玛雅·普利谢茨卡娅、卡尔·刘易斯的跳远、体操平衡木……可以说是几乎把所有能想到的和跃动的肉体相关的内容都融入了进去。

——在将军面前跳舞的犬王太帅了，犬王的肉体也很美。他的六块腹肌也是现代风格吧。

汤浅：那时候没有"六块腹肌"的说法吧。我想创造一个精悍有肌肉的角色，就变成这样了（笑）。想在动画里描绘肌肉发达的身体，一不小心就会变成《龙珠》里那种健壮的感觉，无法表现出优雅。所以比起胸肌和肱二头肌，我更想创作像李小龙那样有漂亮背肌的精瘦角色。

——动画里描绘的歌曲和舞蹈在室町时代昙花

一现，没有留下来，能想象它们真的存在过，这很有趣呢。

汤浅： 是有这层含义。我把它视作"时代错误遗物"*。

——这非常有趣。在那个时代的文明下不应存在的出土文物，这在科幻作品里很常见。但是犬王和友鱼的演艺才能也可以说是"时代错误遗物"吗？

汤浅： 从现在留下的室町时代的文化看来，这样的艺术家和艺术不可能出现，像是突然降临的。它们过于先锋，即使百姓很喜欢，但还是从历史中消失了。

它们消失了，这无可奈何，但是重要的是那时是否有人产生共鸣。这是比"渴望得到认可"更进一步、我最想讲述的部分。我先前也说过，犬王可以感到满足，但是友鱼不能。但是犬王认可友鱼，让

---

* Out-of-place artifacts，简称"欧帕兹"，由美国博物学家伊万·桑德森提出，指在不同寻常的背景下发现的具有历史、考古或古生物学意义的遗物，例如安提基特拉机械、法老直升机等。

他的存在有了意义。对友鱼来说，重要的正是犬王的认可。

没有被任何人认可就消失，那太寂寞了。但是只要有人能明白自己，就会得到救赎吧。

我想描绘的，正是这样的两个人之间的友情。手冢治虫有一篇名叫《下雨小僧》的漫画，讲述下雨小僧直到长大也没有忘记和少年之间的约定，一直铭记遵守着。是个很棒的故事，令我感动。《犬王》里也有类似的部分。

还有开篇，我想着如果能从现代回溯到过去，就可以描绘出现代和《平家物语》在时间上的联系，又能表现距离。比如源平合战的时候，双方被分成红色（平家）和白色（源氏）。如果提示出这就是"红白歌会"和运动会的红白队伍的由来，观众就更能感受到其中的意义。还有片中出现的能乐的"曳足"，随着向过去迈进，步伐被画得越来越快。我记得这个回溯的设定一开始就出现在野木亚纪子女士的脚本里了。

和电视界首屈一指的名编剧野木亚纪子合作

——野木女士作为编剧创作了不少人气电视剧，这是她第一次参与制作动画，汤浅老师应该也是第一次和电视编剧合作。她加入之后，您有感受到什么变化吗？

汤浅：野木女士应该是我现在最信任的编剧了。她有很多代表作，我第一次知道她是因为漫画改编的电视剧《重版出来！》。她很恰当地把漫画的语言翻译成了电视剧的语言，将片段式的剧情完美整合在一起，角色表现得也十分有魅力。

野木女士能够参与制作，主要是因为制作方 Asmik Ace 的提议。野木女士创作了电视剧《逃避虽可耻但有用》的脚本，而参与《春宵苦短，少女前进吧！》配音的星野源是这部剧的主演。因为这层关系，《春宵苦短，少女前进吧！》也收获了她的评价，也不能说我们之间没有任何联系吧。野木女士同意参与制作，也是因为觉得古川老师的原作非常有趣。

——原作的体裁更接近散文，要把它整合成一个完整的故事是不是很难？

汤浅： 是的。原作一会儿说到犬王，一会儿提到友鱼，一会儿又涉及其他的传说，而且采用口述的方式，如果作为一整个故事来看的话，会觉得衔接不够顺畅。以野木女士为核心的编剧组的工作，就是把这本书整合成一个有头有尾的故事，一些原本分散的结局也尽量整合到一起。

我曾听业界的前辈说过一句话，"动画界很少追究责任"。也就是说，同样是影像作品，电视剧的好坏和收视率紧密相连，收视率一低就会归结到脚本不好或者演员演技不行等问题上，甚至会被立刻腰斩；但是动画与电视剧的制作过程不同，由于后续的分镜和作画等多半会影响故事走向或说服力，责任归属十分模糊，所以即使被腰斩了也不至于追责到个人身上。这位前辈说，电视剧编剧在批评声中工作，受到的是完全不同的锤炼，他很想和他们合作。

我当时想着，原来是这样，有机会我也想和电视剧这种不同领域的工作人员一起共事看看，但只是一种模糊的想法。这次居然能和野木女士这位操刀了我喜欢的电视剧的编剧合作，我感到很高兴。

——她在工作中严格吗？

汤浅：与其说是严格，不如应该说是强势。不愧是业界金牌编剧。她会贯彻自己的方法论，如果似懂非懂地提出反对意见，一般都会被她驳倒（笑）。正如前辈所说，我收获了很好的经验。

她会调查很多资料，提出各种各样的方案，给出五花八门的点子，其中给我帮助最大的是关于"省略"的判断。比如友鱼第一次弹琵琶唱曲的场景，其实最开始是想在此之前放上一大段背景说明的。为了尽量精简场景，我总想在短时间内完成必要的说明，结果有时会导致说明的部分过多。我自己也意识到了此处的说明过于冗长，但是没能想到解决方案。是野木女士提议"让观众自己想象吧！"，直接省略对这个场景的说明，又说，"突然唱起歌没问题，观众看到下一幕就明白了"。做出这个决定需要很大的勇气，因为我们不确定观众是否真的能想象到那个地步。但是，因为是我们信任的编剧以她丰富的经验提出的建议，所以我们满怀感激地接受了。

野木女士会在最开始针对"希望这最后是一部什么样的电影"进行提案，并根据决定编排故事。动画经常会因为分镜和作画的原因偏离最初的设想，但即使如此，野木女士也依然想要贯彻故事的框架。也因为听取了野木女士的意见，最后的成片应该没有偏离最初的想法太远。

——比起古川老师的原作，动画显得明快了许多。是不是因为采用了歌舞片的形式，又做了比较现代的阐释？

汤浅：我读原作的时候，感觉它的设定类似手冢治虫的《多罗罗》。《多罗罗》的主角百鬼丸生来就失去了身体的很多部位，通过打倒给自己施加诅咒的妖怪，一点点夺回了自己的身体。犬王虽然生来畸形，但是却不自怨自艾，反而开朗地长大，每

当他掌握一种舞蹈，就能让身体的一部分恢复正常。两部作品在设定上虽然有相似之处，但在很多方面都完全相反。犬王并不讨厌自己的容貌，他不是为了恢复正常的身体而跳舞，而是因为热爱才跳舞的。他活着的目的是通过歌舞给他人带去欢乐。犬王外向开朗，面对逆境也不畏缩，努力开拓属于自己的人生。动画里用了很大的篇幅展现他开朗的一面，是因为我对他积极生活的姿态深感共鸣。不过原作本身应该就是这么设定的。

——说到开朗，友鱼的父亲也是代表人物吧？他很可爱呢。

汤浅： 他本来是个沉默寡言的人，但是比起活着的时候，死后变成幽灵反而更可爱了，话也变多了。原作里他也给人一种缓和气氛的搞笑印象。松本大洋笔下的平家亡灵，每个都很可爱。这可能是因为人死后成为亡灵，不用再承担责任，变得孩子气了。活着的时候积攒的怨气和恨意随着时间越来越少，幽灵也越变越小，声音也变得可爱又尖锐。顺便一提，给平家亡灵配音的是负责音乐的大友先生。他可以表现各种声音，就拜托给了他。

——您和原作作者古川老师都聊过什么呀？

汤浅：我曾经和古川老师进行过一次对谈，当时古川老师提到该如何理解"极致的美"。立志做艺术的人，最开始心中的情感往往是纯粹的，但是随着时间流逝，那种感觉就会被遗忘。这种纯粹是什么呢？可能就是当初真的想要做这件事情的原始冲动吧。做这件事会感到快乐，或是做这件事可以给大家带来快乐，就是这种纯粹的心情。"极致的美"不是展现出来的东西，而是面对艺术纯粹的原始冲动。世阿弥也说过"不忘初心"吧？我记得古川老师也说过，小说写久了有时会渐渐迷失方向，他在创作《犬王》时也做好了这样的觉悟。我不太确定他是不是想表达这个意思，但我是这样理解的。

——对于成片，古川老师的评价怎么样？

汤浅：他认为这部电影里，有一半是自己的作品，另外一半则不是。电影有对原作拓展的部分，不过

他看得很开心。他也说虽然体裁不同，但作品的主题把握得很到位，他很满意。虽然我觉得他看到影片的时候应该对某些部分感到困惑（笑），但是最终似乎是接受了这样的改动，真是太好了。

——在汤浅先生看来，犬王为什么能保持那种纯粹？当然，这与他和友鱼的邂逅密不可分。

汤浅： 动画和原作一样，基本没有特意刻画犬王的内心活动。的确，他生来畸形，从小被人当作狗一样对待。但凡他把自己的境遇和哥哥们对比，发出"为什么是我？"的疑问，就会丧失这份纯粹。但是他并没有厌恶自己，也没有和哥哥们比较。可能他觉得和动物在一起很快乐。我认为，他出生前就能听到亡灵的声音，只不过自己不知道。有一个隐藏设定是，剧团里也有关爱他的人，会分给他衣服或布料。我觉得他应该隐约察觉到了，自己能来到世上是多亏了亡灵。我想他一定在某处感受过爱意。如果不是这样，我找不到他如此开朗的理由。难道是因为他是一个乐天的傻瓜，对自己的不幸浑然不觉吗（笑）？还有其他理由的话，大概是他对唱歌跳舞的热爱，让他一心向着梦想不断前进。不过在此之前，我想也是因为他天生就是能自得其乐的天才。

——我也想再问一下关于犬王的人物设定。书里只提到了他是"生来受了诅咒"，身体器官是"错位"的，但是并没有具体的描写。

汤浅：我不希望他在银幕上完全是一幅猎奇怪物的样子，但也要让观众一眼看出他的怪异，之后身体的变化也要显而易见。所以最开始登场的犬王身上披着布，脸上戴着面具，四肢或者三肢着地，在剧团里像狗一样趴在地上生活。之后他的身体会发生变化，拿回修长的双腿，跑到剧团外面。他可以用长长的手臂做到常人做不到的动作。这些足以表现他的怪异，也能传递出他身上爆炸性的解放感。

至于面具下的脸，似乎看上去眼睛是竖着的，嘴巴也是横着的，但其实不知道具体长什么样子。我觉得这里交给观众自由想象比较好。

——为什么要把犬王的一条手臂设计得特别长呢，是为了一目了然？

汤浅：是的。这一点很重要，我们想告诉观众这种畸形并不是源于残疾或疾病，我没有让手臂的长度保持固定，而是确保在任何时候都能看出它长度的异常。这可能是受到了诸星大二郎《西游妖猿传》的影响（笑）。在这本漫画里有一个角色（通臂公），他的两条手臂是连在一起的，一边伸长，另一边就缩短。这个角色给了我灵感。当然，犬王的手臂没有连在一起，另一条手臂只到手腕部分，长在本应长耳朵的地方。

——历史考证方面呢？我听说您做得相当细致。

汤浅：我已经很久没有做时代剧了，这也是我第一次做以室町时代为背景的时代剧，真的学到了很多，也下了很大功夫。设定里有一些灵异的部分，两位主角的音乐又这么离经叛道，所以我就更加想在其他地方细致地进行历史考证。可以说是在详细的历史考证之上，肆意放飞自我的感觉。

这次我最大的发现是关于"乌帽子"的正确佩戴方式。当时的男性经常戴这种帽子，在很多画作里都能看到，但是我并不清楚它具体是什么样。在很多古代有名的武将的肖像画里，帽子只是挂在头上，没有盖住头部，甚至很多是向后错位的。我以为是画得不行，那时才知道，乌帽子不是戴在头上，而是应该固定在发髻上。原来画成向后偏的样子才是正确的。我还听说很多精于时代考证的历史剧，因为演员佩戴的假发髻很容易掉，所以乌帽子只能戴在头上。但是动画没有这种问题，所以我决定这次要完全忠于历史。

——非常细节呢（笑）。

汤浅：是呀。但是过分忠于历史，只会让观众觉得是画错了，所以动画师们总是忍不住想让角色牢牢地戴上帽子。而且如果画得和身体贴合，动作会更自然，所以也有那样处理的地方。另外，在动画里想要细致呈现敞开的或是宽松耷拉的衣服，难度是很高的。因为衣服的动态没法跟着四肢的动作

走,完全是另一套动作。至于帽子应该固定在发髻上而不是戴在头上,是我保证会在类似这种采访中反复解释才得以彻底执行呢。这一点在时代考证方面算得上是一次新的突破,也是我个人在这部作品中的最大"新发现"吧(笑)。

——原来如此!(笑)

汤浅: 还有,扇子的用法也有讲究。来看犬王一行人表演的贵族女性,她们是打开扇子,从其间的缝隙里看演出的吧。她们视线前方的表演者虽是底层人,但或许因技艺被视为神秘之物,让她们也同时产生了敬畏之情,因此有了这样不可直视的习俗。这在《太平记》里好像也的确有所提及。

——全片虽然只有短短的九十八分钟,其中却充满了汤浅先生的各种挑战和新发现呢。

汤浅: 是的。遇到了很多全新挑战,但也有一种集大成的体感。我觉得在我至今为止的作品中,这也是一部能让众多观众感到满足、完成度很高的作品。我曾经做过儿童片、恐怖片、青春片、爱情片等各种类型的作品，这次集结了所有元素。音乐方面也上了一个台阶，表现的内容比以往都更充满力量。而且，对于这个主题我深有共鸣，虽然制作过程很辛苦，但是很值得。

#14

> 我的
> 心头好

喜欢的歌舞片

《雨中曲》
原片名：*Singin' in the Rain* ／ 1952 年制作／美国
导演：吉恩·凯利、斯坦利·多南
演员：吉恩·凯利、黛比·雷诺兹、唐纳德·奥康纳 等

《西区故事》
原片名：*West Side Story* ／ 1961 年制作／美国
导演：罗伯特·怀斯、杰罗姆·罗宾斯
演员：娜塔莉·伍德、理查德·贝梅尔、乔治·查金思 等

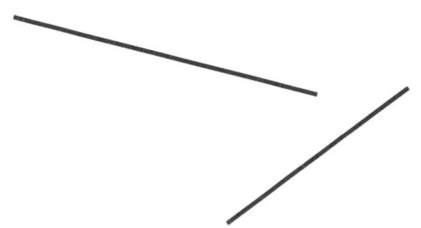

《异形奇花》
原片名：*Little Shop of Horrors* ／ 1986 年制作／美国
导演：弗兰克·奥兹
演员：里克·莫拉尼斯、艾伦·格里尼、文森特·加迪尼亚 等

《雨中曲》是歌舞片中的经典，实际上真的很有趣。吉恩·凯利在雨中唱歌的场景广为人知，音乐很棒，画面也很漂亮。影片里用到的沙发和人偶的舞蹈滑稽有趣，歌曲的部分也令人愉快。故事很饱满，生动地描绘了好莱坞从无声电影到有声电影过程中的混乱。歌舞片里，这是最让我感到开心的作品。

　我看的是最早的罗伯特·怀斯版《西区故事》，还没看过斯皮尔伯格版的。话说，这个故事也像《罗密欧与朱丽叶》呢（笑）。这部歌舞片给我留下印象，是因为连吵架的时候也在跳舞（笑）。对了，《人造人009》的002杰特·林克，他的设定是来自纽约的不良少年，在漫画里，他跳着像《西区故事》里那种高抬腿的舞步登场。我想这也说明当时人们对纽约的印象就是和《西区故事》重合到了这种程度。《罗密欧与朱丽叶》里家族对立的设定被改成人种对立，引发种族歧视问题，很有趣……不过最棒的还是音乐。《美利坚》这首歌的调子很带劲，乔治·查金思干脆利落的舞姿也很潇洒。

　另一部《异形奇花》既是歌舞片，也是恐怖喜剧，这一点合我心意。懦弱的主角培养的奇异植物其实是嗜血的宇宙植物，后来开始吃人了！就是这么令人无语的剧情（笑）。登场人物中有一位施虐狂牙医，从嘴里拍摄他进行治疗的场景，影像和表现都很有趣。音乐曲调也令人舒畅。

225

明室
Lucida

照亮阅读的人

主　　编　陈希颖
副 主 编　赵　磊
策划编辑　陈希颖
特约编辑　刘麦琪
营销编辑　崔晓敏　张晓恒　刘鼎钰
设计总监　山　川
装帧设计　山川制本 workshop
责任印制　耿云龙
内文制作　丝　工

版权咨询、商务合作：contact@lucidabooks.com

上海光之室文化传播有限公司　　Shanghai Lucidabooks Co., Ltd.

图书在版编目（CIP）数据

灵感迸发的每一天：汤浅政明的创作之路 /（日）
汤浅政明著；焦阳译 . -- 北京：北京联合出版公司，
2025. 5. -- ISBN 978-7-5596-8129-4

Ⅰ . K831.357.8

中国国家版本馆 CIP 数据核字第 20243FV859 号

YUASA MASAAKI NO YURIIKA NA HIBI
by Masaaki YUASA
Copyright © Masaaki YUASA 2022
Original Japanese edition published by Tokyo News Service, Ltd.
All rights reserved
Chinese (in Simplified character only) translation copyright © 2025
by Shanghai Lucidabooks Co., Ltd.
Chinese (in Simplified character only) translation rights arranged with
Tokyo News Service, Ltd.
through BARDON CHINESE CREATIVE AGENCY LIMITED, Hong Kong.

北京市版权局著作权合同登记号 图字：01-2025-0387 号

灵感迸发的每一天：汤浅政明的创作之路

作　　者：[日] 汤浅政明
译　　者：焦　阳
采访撰文：渡边麻纪
出 品 人：赵红仕
策划机构：明　室
策划编辑：陈希颖
特约编辑：刘麦琪
责任编辑：龚　将
装帧设计：山川制本 workshop

北京联合出版公司出版
（北京市西城区德外大街 83 号楼 9 层　100088）
北京联合天畅文化传播公司发行
北京市十月印刷有限公司印刷　新华书店经销
字数 92 千字　787 毫米 ×1092 毫米　1/32　7.25 印张
2025 年 5 月第 1 版　2025 年 5 月第 1 次印刷
ISBN 978-7-5596-8129-4
定价：65.00 元

版权所有，侵权必究
未经书面许可，不得以任何方式转载、复制、翻印本书部分或全部内容。
本书若有质量问题，请与本公司图书销售中心联系调换。
电话：（010）64258472-800